合 気 真 伝

バウンダリー叢書

炭粉良三

合気真伝

フォースを追い求めた空手家のその後

海鳴社

もくじ

第一部　合気から愛魂へ

——最後の合気私考——

プロローグ

　第二次世界大戦よりも昔のお話。ここはスペインの、ある町。職業軍人であるその男は、赴任先であるその町で悪名高き肉屋へと向かっていた。

「日曜は誰しも教会に行くものさね。それなのに教会にも行かずに店を開けて商売する強欲な肉屋があるんでさあ…」

　町の人から聞いたその噂が何故か気になり、その軍人の男は店に急ぐ。

「教会の礼拝にはまだ時間がある。その前に見てやろう。どんな男なんだ、その強欲野郎は…」

プロローグ

欧州キリスト教世界において、日曜日の礼拝は絶対的な意味を持つ。あのマフィアの親分衆でさえ、日頃は葉巻一本のことで大喧嘩し、相手をマシンガンで蜂の巣にするのに…日曜日ともなれば教会に出向き己の行動を懺悔すると聞く。

やがて、その男は件の肉屋に着く。案の定、大っぴらに店を開け商売をしているではないか。

「呆れたもんだ…」

男はその店のオヤジの顔を一目でも見てやろうと入口に近づく。そのとき！　身なり貧しい中年女性がその店に入ってきた。

彼女は言った。

「私は貧しい者ですが、家にはお腹をすかせた子供達が待っています。お願いです、ほんのクズ肉で結構ですから、少し分けて頂けないでしょうか…その代わり、私はこれから教会に行き、あなたの代わりにあなたのために、祈ってまいりますから」

それを聞いた強欲オヤジは言う。

「オレの代わりに祈るだとお？　ケッ！　しゃらくせえ！　よし、それならオレが神様とやらに祈りたい事柄を、この紙に書き上げてやるから、それを祈ってきな！　ただし…」

その女性の目の前で紙切れにその項目を書き上げたオヤジは、ずる賢そうな目を光らせて言った。

「ここにある天秤計りにこの紙切れを乗せる。さ〜て、これと釣り合うだけの肉なら、タダでくれてやるぜ！」

何て野郎だ！　その軍人の男は一言注意してやろうと肉屋のオヤジに駆け寄ろうとした、その刹那！

「おお～……！」

異様などよめきが起こった。
何と、その天秤計りの片一方の皿の上にオヤジが無造作に乗せたクズ肉が…紙切れ一枚の重さに…釣り合わないッ!!

「そッ…そんな、バカなッ!!」

オヤジはムキになり、次から次にグズ肉をつけ足す。が、天秤はビクとも動かない！

「そんなクズ肉ではなく、もっとよい肉を置いてやったらどうだ、オヤジ！」

男は遂に叫んだ。オヤジは渋々上等な肉を一枚置いた。すると…ほんのわずかに秤《はかり》が動いた。しかし、まだ圧倒的に紙切れの方が重い！

軍人が叫ぶ。

「約束だぞオヤジ！　その御婦人に釣り合うだけの肉を分けてやれ！　俺が証人だ！」

「いいえ、私はほんのクズ肉で結構です。ありがとうございます。それでは私は今から教会に行き、あなたのために祈ってまいります」

呆気にとられるオヤジを尻目にクズ肉を受け取ったその貧しい女性は、教会へと向かう。軍人の男はどうにも彼女のことが気になった。で、後を追う。

やがて女性の姿は…決して大きくはないその町の教会の礼拝堂に消えた。その後で男も入る。すると…

いない！　どこにも彼女の姿が、ない！

境内をくまなく探しても、遂にその女性を見つけることができなかったその男は…礼拝後仕方なく軍の宿舎に戻った。

プロローグ

「不思議なことも、あるものだ…」

すると…その宿舎の自室に戻った男に一通の手紙が届いていた。それは、故郷に残してきた妻からの手紙だった。男の子が生まれたことを告げる、彼にとってそれはまことに嬉しい手紙だった。

そしてその男の子こそ、後に聖母マリアにこよなく愛されキリスト教合気最後の伝承者となっていく運命を授かっていた…

序　章

前著『合気解明――フォースを追い求めた空手家の記録――』が海鳴社から出版されるのに前後して、予想してはおりましたがやはり様々なことが起こりました。それは合気の稽古での出来事だったり人間関係の縺れだったりします。即ち、一見日常での（言ってしまえば）何でもない出来事に見えます。

しかし…その日常の出来事の裏にある、見えざるものの采配。それを強く感じる出来事がまたもや最近起こってしまいました。

詳しくは本編にて語りますが、芦屋を訪れた際に必ず寄る喫茶店にてコーヒーを飲んでいたとき、たまたま居合わせた還暦を迎えるという常連の女性客が語って下さったお話…それがそのまま私を新たな執筆に向かわせることになったのです。

驚くまいことか、その御婦人から出たお話とは…

「私、若い頃は東京におりまして、そのとき合気道をやっておりましたが、何度か植芝盛平先生とお会いしたことがあります」

「な…なんですってぇ?!」

これまで拙著を読んで下さった方々にはわかって頂けると思いますが、そのときの私の驚きようたるやなかった！

芦屋というところは御存知のように、およそ武道や格闘技が似合う町ではありません。しかもこの喫茶店は最も芦屋らしい所にある、いかにも芦屋の喫茶店なのです。そして更に言えばこれまた芦屋人らしい（後で伺えばお住まいは芦屋ではなかったのですが）たたずまいの女性客の口から「植芝盛平」という金輪際ミスマッチな固有名詞が飛び出すなど、いったい誰が予想し得たでしょう。

食い入るようにその当時の稽古のお話を聞き込んだ私は、思わず唸ってしまったのです。

「これは…保江邦夫先生が予測されたとおりだ！　植芝翁はやはり晩年、正真正銘の合気を悟っておられたに違いない…」

ひとしきりお話をお聞きした後で店を出てすぐに、その内容を保江先生にお伝えしたのは言うまでもありません。

先生もいたく驚き喜ばれ「炭粉さん、是非その物語を書いて欲しい」と言われました。

ところが、今回は私に少なからず躊躇がありました。それは…あまりに、できすぎているのです！

かつての植芝翁に会ったことのある人に、このタイミングで、しかもこんな所で出会うなど…。この出来事によって、今までの一連の他愛もない出来事に突然意味の連鎖が見事に成り立つばかりか、それは一人私だけではなく、共に合気を希求する友にとって重大な示唆を与え得る…。

もし私が小説家であったとしても、とてもこんな御都合主義的なストーリーなど思いつかなかったことでしょう。しかし実際、それは起こった…起こってしまったのです！　その事実に急に怖れを感じたのです！

予定調和と口で言うのは簡単だが、多くの方々にとっては…私も前著で書かせて頂いたように、それは過去を振り返って「ああ、そういえばあのときのあの出来事があったからこそ…」と遠い目つきになって懐かしく思い出す、それが予定調和に対する認識でしょう。

なのに私ときたら…それがまるで現在進行形でこれでもか、これでもか、と立ち現れるではないか！　どういうことなんだコレは?!

しかし、店を出て先生との連絡を終え、改めてその喫茶店とのそもそもの御縁を思い出したとき、私は身震いしました。そう、その店は…「見えざる神の一回転」を発見した自分が初めて合気上げを成功させた後、言いようもない恐怖にかられ、さまよった挙げ句に見つけて飛び込んだ店だったからです！

最早、逃げることも避けることもできない。

「しかし、それでよいではないか」

どこかで誰かが、そう言ってくれたような気がしました。

よーし！　では書こう！

とはいえ、拙文故どこまで表現できるかは、わからないが…。

かくて、自分にとっての新たなる合気へのアプローチが始まったのです。植芝盛平という、やはり類い稀なる武術家の技を直接お受けになった方の、貴重なる水先案内を得て！

第一章　新たな物語の予感

その日の夜、私は東神戸の「富万」という寿司屋の前に立っておりました。

「何だか、とても久し振りだなあ…」

前著『合気解明』にて描いたとおり、私の心と身体は一年あまりの間ずっと大阪の街にあったような気がします。

私は兵庫県人です。しかも、仕事が終わっての「ちょっと一杯（まあ、とうてい一杯ではすまないのですがいつも…）」をこよなく愛する呑んべでございまして。ところが、残念ながら私の住む町にはこれという店がない。それでいきおい帰宅途上で途中下車し、神戸の街の夜に消えるケースが多いのでした。

だから大阪は、私にとっては実は随分と遠い所なのです。そして今は気持ち的にも、とても遠くなってしまいました。

後に詳しく書きますが、ある出来事から私は昭和町の居酒屋「十両」から身を引いたのです。「続・合気私考」ではまさに中心的な役割を果たしてくれた十両、そして川畑さんをはじめ常連の人達でしたが…しかし、かえってそれらの人達が今は遠くに感じ、まるでセピア色の卒業写真を見るが如くに思えるのでした。人間の感覚とは、かくも不思議なものなのか。

ともあれ、私は富万に帰ってきた！　そう、行きつけ中の行きつけである、この店に。


時は一九八三年七月七日、場所は大阪府立体育会館。

この日の七夕決戦において、人気絶頂を極めた日本人覆面レスラー・タイガーマスク（初代）は、今まさにとんでもない窮地に立たされていた！　何と、相手レスラーによってその覆面を剥がされようとしていたのです！

当時まだその正体を隠していたタイガーにとって、のっぴきならない一大事！　観客席からも悲鳴があがる！　そして…嗚呼《ああ》、遂に、その覆面は剥がされてしまう！

必死に両掌で顔を隠すタイガー、しかしそんな状態で戦えるはずもない。

どうするッ！　タイガー?!　そのときです！「タイガー！　これを使って!!」とリングサイドから少年の声。そして見れば、おおッ！　新たな覆面が宙を舞い、やがてリングにフワッと落ちる。タイガー、むんずとばかりにそれを掴むや素早く装着、怒涛の反撃開始！　その少年のおかげで遂に正体を曝すという覆面レスラーにとってはこれ以上ない屈辱を味わうこともなく、タイガーマスクは戦い抜くことができたのです。

初代タイガーマスク…私、炭粉良三もどれだけ彼に憧れただろう。「四次元殺法」と呼ばれた、あの華麗なる空手技！　廻し蹴り、後ろ廻し蹴り、飛び後ろ廻し蹴り！　リングロープやコーナーポストを使って空中高く舞い上がる三角飛び！　そして身体をコマの如く回転させつつ相手を絡め取るようにフォールする神技！

空手青年だった私は、タイガーのその素晴らしい空手技に酔いしれたものでした。

そのタイガーマスクをすんでのところで守った少年！　そう、タイガーファンのみならず全てのプロレスファンの間でも語り草となり、テレビでも特集されるほどの、あの試合での伝説の少年！

あまりにもタイガーのファンであったため、遂に自前でその覆面を作り試合に持参してきていたのが功を奏した幸運なる選ばれし少年！

その少年こそ、皆様驚くなかれ、ここ富万のマスター・山根剛司さんその人なのです!!
入口の扉に手をかけガラガラと開ければ…「あ！　炭粉先生、いらっしゃい！」とマスターの山根さん。「や〜、久し振りですやん先生〜！」とお手伝いの荒牧絹代ちゃん。そして、アチャ〜、常連の御年配、山本さんがいらっしゃるではないか。

「お、炭ちゃん！　何や本出したってか？　へ〜、よっしゃ！　三冊買うわ」

ホームとは、かくの如し。ありがたいものです。席に座ってビールジョッキを傾ければ…全てマスターの仲介で今は正体を明かしたタイガーマスク・佐山聡さんとお会いしサインまで頂いたあの日、グレートサスケさんと呑んだあの日、そして変わり種としては仮面ライダー2号一文字隼人こと俳優の佐々木剛さんと呑んだあの日…それらの楽しい思い出が走馬灯のように浮かびます。
私にとってはまことに偉大なる店、富万。しかし考えてみれば、こういう店でこういう人に出会えてしまうのもまた不思議な御縁というべきか。

「灯台下暗しとはよく言ったものだ。なにも昭和町だけではなかったんだ、ドリームは…」

と、今更ながらに思う。

久し振りの楽しい細やかな酒宴、嗚呼しかし……本人のあずかり知らぬ世界からの予定調和の胎動が音もなく、再び始まる。それはまたしてもはるか昭和町へと、いやそれだけにとどまらず神戸から芦屋へと阪神間に渡り炭粉を動かし、合気の扉を開けるに必要な出会いと必要な修行を着々と整えてくれるのでした。いや、考えれば、もうとっくに始まっていたのだ。大阪を去った、あの日から。

ふと微かな、予感めいたものが走りました。

ジョッキを置いて上を見上げると、プロレスラーやプロ野球の選手達の「富万賛江」と書かれた多数の色紙や写真などが所狭しと貼られている馴染みの風景。


「気のせいか…」

第二章　神戸稽古会の成立

既に年が改まり一ヵ月ほどが経ちました。年末の岡山での稽古と忘年会に参加した私は、そのときに保江邦夫先生から二つお話を承ります。

一つはプロローグにて描いた隠遁者様、エスタニスラウ神父の誕生秘話。そして今一つは…「炭粉さん、先輩の浜口さんをはじめ空手家の畑村さんらと共に、そろそろ神戸で稽古会を立ち上げて貰いたいのですが」というお話でした。

実は更にその一年前から神戸で稽古会を、という案は出ていたのですが、諸般の事情でなかなか実現できなかったのです。というか、その時点ではまだ誰も修行浅く合気現象を頻繁には起こせなかったというのが、遅延の最大の理由でした。しかしその後の稽古の甲斐あって、皆かなりの頻度で合気を使えるようになってきました。だから確かに今こそ立ち上げの好機かもしれません。

神戸で自流の空手道場を持つ畑村さんの尽力で最適な体育館を見つけることができた我々は、浜口さんの音頭の下、遂に悲願の神戸稽古会を発進させることができたのです。

蓋を開けてみれば、メンバーは八人ほどにもなりました（なお、現時点ではこの神戸稽古会は岡山の保江邦夫先生門下に限らせて頂いております。それは稽古の内容などをまだ模索中だからであり、最終的にはどなた様でも参加できる体制を目指してはおりますが、まだまだ時間がかかるものと思われます）。浜口さんは投げ技、私は合気上げというように、各々が得意な技の解説を担当し、かかり稽古で行います。

そして思ったのです。

「みんなすごい！　よく進歩したものだ…」

なにしろ、あの神秘の極みにしか見えなかった割り箸での合気上げが…もはやここでは単なる準備運動にすぎなくなってしまっているのですから！

次々にかかってくる相手を皆さん割り箸でヒョイヒョイと上げていきます。ときおりバキッ！という音がして「アチャ〜」（笑）、しかし新しい割り箸に替えて次は見事にヒョイ。

稽古とはすごいものです。

合気上げ担当の私としては、皆に飽きがこないように「孫の手上げ」、「タオル上げ」等々色々新しい合気上げを考案しては試すという工夫をしております。それにしても横で稽古している柔道や合気道の方々は我々のことをどう思っているだろうか。

「変な集団やなあ…」

きっと、そう思われていること請け合いです（笑）。

そうです！　変（爆笑）！　それが、神戸稽古会なのです！

やがて…この稽古会の中から奇跡が巻き起こるのですが、それは次章にて。

第三章　奇跡の組手　――その一――

神戸の稽古会には、天才的な合気修行者が二人存在します。一人は高校の物理教師・浜口隆之さん。もう一人は神戸で自流の空手を展開する畑村洋数さん。

この二人あればこそ、保江邦夫先生も「神戸で稽古会を…」と提案されたのです。

さて、年が明けて先ほども申し上げたとおり畑村さんの尽力にて、とある体育館を借りることができるようになった我々は、早速稽古を開始したのでした。岡山で行う方法とは少し異なり、各々の合気の技を各々長く行い、その技を成立させている合気の部分を深く追い求め、最終的には技術化することを目指す…。

普通では、これは不可能に近い作業ですが、それを浜口さんは見事に体系化していかれるのでした。そして、おもしろいことが起きたのです、突然！

記念すべき第一回目の稽古会のときでした。

浜口さんが、技に入る前に既に相手にかける非接触系の合気の指導をされ、実際我々もそれによって崩されたり投げられたりしているうちに「ん?」と、私はあることに気付いたのです。稽古が終わった後で浜口さん本人にそれを伝えると、自分では気が付かなかったとのこと。そこで、これは神戸の稽古会の中限定《なかげんてい》ということで(というのも、それが正しいかどうかなど、まだわからないからです)次の稽古時に発表したのです。

ただし、この時点では、まだハッキリとはしませんでした。それを…畑村さんは進化させることに成功したのです!

驚くまいことか、はたしてその次の稽古会のときの出来事。

合気上げから始まって、浜口さんの指導の下でひとしきり稽古が終わった後、畑村さんが急に
「炭粉さん、ちょっとフルコンでスパーリングしてみませんか?」

と言い出したのです。

「よっしゃあ！」

と即答。これには理由がありました。

この畑村さんは昨年（平成二十一年）九月末に入門されたばかりで、私も昨年末の岡山での最終稽古のときに初めてお会いしました。お互いフルコン修行者であるためか、この畑村さんと組んでの稽古は妙にしっくりくるのでした。ところが…。

「二人とも固い固い。どんな強い攻撃でも力を抜いて情けな～くペショッと受けてみて下さい。絶対それで相手の攻撃は止まりますから」

保江先生及び先生の親友であられる北村先生からこう御助言頂き、さればとお互いに立って構え、私が全力の右鍵突きを畑村さんの左脇腹に向かって叩き込むのをヘチャッと受けた畑村さんでしたが…

さー!!!、ここで大変なことが起きた!!!

何と、私の右腕が畑村さんの左腕と、くっついてしまったのです!!!

「なんやコレ！　くっついとるくっついとる！　畑村さん、このまま自由に左腕を動かしてみて！」

絶叫する私の言うとおり彼は右に左に上に下に、軽く私の腕を握って振り回せば、うわーーッ！　そのとおりに自分の身体が勝手に動くッ!!!

畑村さんも面白がって「さあ立ちましょう！」、「さあ寝転びましょう！」と言いながら腕を振ると、私はケタケタ笑いながらそのとおりについてゆく！　そして最後に畑村さんが腕をクルンと回せば、な、な、何と！　私はクルッと空中でトンボを切り、背中からズダーンと畳に落ちたではないか！

道場中の稽古生達がポカンと見ている（我が女房もその一人）中でそれは公然と起こったのです。しかも、それだけではありません。畳の上に仰向けに倒れてなおもケタケタ笑っている私に「大丈夫？」と畑村さんは手を差し伸べて起こしてくれようとした、その瞬間！

「ウ、ウワ～～!!!　またくっついた、またくっついたあ！　もう一度自由に動かしてみてーーッ!!!」

そして炭粉ダンスのワンマンショーがその後一分あまりも続いたのです。もう、なすがままとはまさにこのことでしょう。しかも踊らされている方はケタケタ笑いながら…中年男が二人、しっかりと手をつなぎ（違〜うッ！　離れへんね〜んッ！）何というオゾマシイ光景だろうと、周りの方々は引きまくったのではないだろうか。

そして今度は攻守交代、待ってましたとフルパワーで正拳突きを入れてきた畑村さんを私がペショッと諸手で力なく受けた瞬間…

「ウワアアア〜!!!」（爆笑）

今度は気の毒な畑村さんのワンマンショーの始まりです。

終わってから暫くの間、我々二人は放心状態。

「な、なんやコレ…」

そうです、これが世にいう「くっつく合気」！　期せずして、それは我々空手修行者二人に何故か突然顕現してしまったのでした。

「よーし、それならもう一番！」

各々異なる相手を選んでの柔術稽古が終わった後で、私と畑村さんは最後にもう一度組み、「ドリャーーッ！」とばかりに殴りかかると…

バキィッ！

「イテェーーッ!!!」

な、なんでやねんッ？！　なんで合気かからへんね〜んッ?!

狼狽《うろた》えて大声で叫びまくる我々にいつの間にかスーッと近づいていた北村先生が（ウワッ、忍者かこの人！）落ち着いた静かな声で諭されました。

「ヤル気満々だからですよ。それは合気の敵」

アッチャ〜、またやってもたあ！

そうなのです、それでは合気は、かからない。なんと難しいことでしょうか、合気をかけるという作業は…。

失礼致しました。何せ畑村さんとは上記の如き出来事があったため、こりゃ神戸稽古会でも何かが起こるかも…と何となく思っていたのです。そんな予感もあって快くスパーリングの相手を承諾したのでした。

他のメンバーにとってはフルコンで打ち合う姿を目の当たりにするという珍しい機会です。皆さん固唾《かたず》を飲んで真剣に見てらっしゃる。

礼をとり、構え、お互い距離を縮めて…俄然始まった！　防具なし、抜き身の拳でのドツキ合い！突きの応酬から一転！　畑村さんの右中段後ろ廻しにこちらは左中段廻しで合わせ威力を相殺、体勢わずかに崩れた畑村さんに「今ッ」と踏み込み左右ワンツーを入れようとした次の瞬間！

「ウワーッ！」

叫び声を上げ、私はガクーッと両膝を畳に着け、そのまま仰向けに倒れこんでしまったのです！

「こ…これは…保江先生とのスパーリングの再現ッ！」

慌てて飛び起きた私の視界に真っ先に飛び込んできたもの、それは…大きく目を見開き、ポカーンと口を開けているメンバーの皆さんの顔、顔、顔。あの浜口さんまで驚いてこちらを見ている。

「見事ッ！」

畑村さんの快挙を喜び握手を求める私。やっと我に返り「す、すごい！」と声をあげるメンバー達。

畑村さん曰く、実は先日岡山の稽古会にテレビ撮影が入り、その際にカメラが回っていないところで空手経験者の某タレントとスパーリングをやらかしたとき、気が付いたら相手が倒れていたという。しかも倒れている背中を軽く踏んだだけで相手が「ギャーッ！」と叫び動けなくなったとか。で、自分でもどうしたのかがわからないものの、何となく感じが残っていたのでやってみたとのこと。

待てよ…倒れた相手が動けなくなるとは、ひょっとして！

私もそのとき、ピーンとくるものがあったのです。そこで稽古会が終わった後で秘かに畑村さんと連絡を取りました。

「当方思うところあり。よって、時間外に秘密稽古をしませんか？」

第四章　奇跡の組手　——その二——

それから数日後のこと、畑村さんと私は同じ体育館にやってきました。私がピンときたこと、それは実は先日の畑村さんとのスパーリングのときに閃いたというよりは、今までの蓄積でした。

数年前、自分がまだ某合気系武術道場にて稽古をしていた際、そこの師範が大東流合気柔術佐川幸義宗範の写真を見て、ある感想を語ったことがありました。それを聞いたときには「そんなもんかな」と軽く流しておりましたが。

ところが畑村さんとの例の「くっつく合気」が突然顕現した年末最後の岡山での稽古の際、私はもう一つ不思議な体験をしていたのです。それは保江先生の『唯心論武道の誕生——野山道場異聞——』(海鳴社)にも登場された兄弟子、鳩山泰彦さんとの稽古のときに起こりました。この兄弟子には依然私の合気上げも通じないのですが、逆に私を投げた後で鳩山さんは私の背中に片手で軽く触れ「さあ立ち上がってみて下さい」と言われました。それでそうしようと思ったら…

「だ、駄目だ！　立ち上がれない！　身体が起こせないッ！」

ジタバタ動き回り何とか立ち上がろうとするのですが、動くのは手足だけ。まるで死にかけのゴキブリの如く体幹部が動かない！　そのときわずかに（決して力ずくで押してなどいない）正座したままでの静かな鳩山さんの様子がチラと見えたとき「んッ？」と、何故か佐川宗範の写真を思い出したのです。加えて神戸での第一回稽古会での浜口さんが非接触合気をかけてらっしゃる様子、そして決定的だったのが…畑村さんが合気の技をかけた瞬間自分が大きく崩れる直前に垣間見た、その様子！

「そうだ！　多分…いやしかし、待て！　まだわからん…」

ブツブツ呟きながら体育館に入ると、既に畑村さんはスタンバイして待ってくれてました。そして開口一番語ったのです。

「炭さん、わかったかも！　実は…」

「あッ！」

内心で叫びました。何故って、自分の考えとドンピシャだったから！

「そうか！　やはり！　畑さんも…」

そうなれば話は早い！　我々は準備運動もヘッタクレもなく、いきなりスパーリングに入る！

先ずは畑村さんがスパーリング途中でかける。すると普通の攻防から一転！　こちらが無力化され「うわあ！」と崩れる。そして畑村さんからアドバイスを受け（その間わずか数秒！）今度は私がやってみる。

するとと見事に極り畑村さんが「ウワッ！」と崩れ飛ぶ。

「う～ん…う～～んッ！」

これは……。
狂喜した我々は、今こそ確信したのです。こんな簡単なことだったのか！　そうだったのか！
もはや、それ以上の稽古など意味なし。我々は体育館の柔道場に礼をとるや、そそくさとその場を後にしてロビーにて熱く語り合いました。その間にも畑村さんが「今もう一回自分にかけてみて」と言うので彼の左腕を軽く指で触った瞬間「わッ！」と崩れる畑村さん。ここまでくれば、もう本当に核心！

「遂に俺達は掴んだぁぁーー!!」

腹の底から沸き上がってくる喜びを、どうすることもできませんでした。そして確かに、そのとき我々二人は合気の中に、いたのです！
しか～し！

「また忘れているよ、君達空手バカさん二人共。合気にとって最もしてはいけないことを、もう一度繰り返すつもりかい？」

もし、予定調和というものが喋れるならば（いやさ我々の心がずっと合気モードになったままでさえあれば）我々の心に聞こえたであろう天の啓示…。

嗚呼、それが聞こえなかった。

「不充分ッ！」

後日我々は各々に、それを思い知ることになるのです。

第五章　こんなハズは…

さて、その後私は喜び勇んで家へと帰り、さっそくシャドウ（相手を想定して戦いのシュミレーションを行う一人稽古）に取りかかりました。突き蹴りのコンビネーションから瞬時にフッ…と合気モードとなる！

「よーし、行けるぞお！　道場でのスパーリングが楽しみだ！」

次の空手の稽古日が待ち遠しい。そう思いを馳せつつ、連日シャドウを行う一人稽古が続きました。

あるとき、小学校三年生になる知り合いの子供さんが実家に遊びにきて、たまたまそこにいた私は「そうだ、畑やんが言ってた技を試そう。合気モードになって子供の頭を軽く押さえて『立ってごらん』というヤツ」と思い立ちました。

フフフ、驚くぞぉ…そうほくそ笑みながらやってみたのです。すると…その子は何の苦労もなくヒョイと立ってしまいました。

「えッ！　まさかッ！」

「もう一度やろう！　アレ？　ではもう一度…ア、アレレ？」

「こんなハズでは…」

「おじちゃん、これ何の遊び？」

う〜〜〜ん………。

ちょうどその日のうちに畑村さんからも連絡があり、聞けば意気揚々と息子さんに試したが、全くダメだったとのことでした。こうなればもう、空手のスパーリングで試すまでもない。小学生にすら通用しないのですから、何せ（自嘲）。

そう、初めから保江先生が『合気開眼――ある隠遁者の教え――』（海鳴社）で書かれ警告されていたことだったのです。「合気は、どうやら使えるようになってきたぞと思った瞬間、消えてしまうよ」と。

まだ、決定的な何かが足りない。

いや、違う！　足りないのではなく「余分」なのだ、おそらく！

それはいったい、何なのだ？　クソーーーッ、またもや振り出しかぁ！

第六章　弟弟子の活躍

合気が消えてしまう…

何回経験しても、これは実にイヤなものです。

たとえば、保江先生と出会う前の自分なら合気そのものに対する懐疑の念があったため、合気が消えてしまうもなにも、初めからないと思っているのですからヘッチャラです。また、合気が使えるという人がいたとして、その人が技を失敗すれば「そら見たことか。合気など実在しないのだ。それをさも実在するかのように言いおって！」と呟いてすんだことでしょう。しかし、我々は既に見てしまっている、受けてしまっているのです、合気の技を何回も！

そうです、我々にとって合気は既に悲しいほどに「醤油レベル」（日常的なこと。前著『合気解明』に解説）なのです。

だから、自分の中にも存在していた魔法の如き合気が消え去ってしまうということからくる喪失感は（特に修行初期の頃には）大変大きなものと言わざるを得ません。畑村さんは天才肌だからものすごいスピードでここまできたが、この喪失感は初めてだろう。さぞや悔しい思いをしているだろうなあ…自分はある程度、もう慣れっこになってはいるが、それでも悔しいのだから。

そう思いつつも悶々たる毎日を送っていた矢先のこと、ある日保江先生から知らせが入りました。それは群馬の加藤久雄さんがスマイルリフティング（合気上げ）を用いて大変なことをやってのけたという喜びの御報告でした。

「むう、加藤さんか…」

群馬の小学校教諭。保江先生の『合気開眼』と不思議な出会いを果たし、はるばる岡山までやってきて門下生となった私の弟弟子にあたる方ですが、『唯心論武道の誕生』でも後藤武史さんという仮名で紹介されているように自宅をも子供達のために解放し、奥様共々様々な問題を持つ子供達の世話をされている教育者の鑑のような素晴らしい方。

私の自慢の弟弟子が、今度はいったいどんなすごいことをやったのだろうか？

楽しみに先生からの知らせを紐解くと…

加藤さんはもちろん、彼が教えている子供達は今では合気二連上げをはじめ、手のひらをかざさせた下から指一本でその手のひらを軽く押し上げて相手を立たせてしまうという最高難度の合気上げ（ちなみに私はこれが未だにできない）さえできるようになった。スマイルリフティングの効果で皆楽しくすごしていたら、あるとき別の学年の子供同士が殴り合いの喧嘩をし、殴られた方の子供の視力がガクッと落ちて0.1以下になってしまうという事件が学校で起きた。ところが、いくら検査をしても視力を下げる外傷は見当たらず、これは精神的なショックから視力を下げてしまったと考えられると医師は言う。そこで加藤さんは喧嘩した子供達を呼びスマイルリフティング講習を行うことにした。インストラクターは、既に会得した可愛い女の子達というのが微笑ましいが、果たして！

喧嘩した子供達も合気の効力でみるみる笑顔になり、最後にはケタケタ笑いながらスマイルリフティングを行った。そして…次の日にチェックすると…

何と！　その子の視力は元どおりに回復したではないか！

この知らせを読み終わった瞬間、ものすごい反省の気持ちに襲われたのでした。

「何をやっているんだ炭粉は……加藤さんを見てみろ、つい数ヵ月前まではスマイルリフティングをやろうにも、合気上げが全然できないと焦っていたというのに。今ではそれができるようになったばかりか、子供達の急場をも救うほどに成長したのだ、彼の合気は！　なのに俺ときたらどうだ！　いつの間にか倒し合いにばかり気をとられ、合気の根本『愛』をすっかり忘れてしまっている…」

この頃、ちょうど拙著『合気解明――フォースを追い求めた空手家の記録――』が海鳴社から出版され世に出始めたのですが、それを楽しみに待ち、即購入してくれたこの素晴らしい弟弟子は「やっぱり兄弟子はすごい！　さすが尊敬する兄弟子炭粉良三！」と言ってきてくれる。穴があったら入りたいとは、こういうことをいうのだろうか。

不覚!!

加藤さん、ありがとう。何が足りない、否、何が余分だったのか、今ようやく、わかったよ……！

（なお、この加藤久雄さんの素晴らしい世界と活躍は、彼自身による著書、『どんぐり亭物語――子ども達への感謝と希望の日々――』（加藤久雄著＝海鳴社）に詳しく生き生きと描かれております。是非ご一読を、心よりお勧め致します。）

第七章　デスペラード

話は多少前後致しますが、その弟弟子・加藤さんの快挙を知る数日前のことです。いつもと同じく女房と遅い晩飯を取っていると、つけていたテレビが音楽番組を映し出しておりまして、そのときのゲストが山本潤子さんという歌手の方でした。「へえー、懐かしいなあ。『翼をください』でも歌って下さるのかなあ」などとボンヤリ思いながらビールを飲んでいると…何でも壁に突き当たったら必ずこれに還るという山本さんにとって大切な歌を歌うとのこと。

その歌の題名は、「デスペラード」。

「デ、デストロイヤー？」

「それはプロレスラーやッ！」

「エ、エスペラント？」

「それは世界共通語やッ！」

「デ、デスプーチン…」

「あんた、わかってやってるやろッ！」

いや、本当に知らない。デスペラードなんて歌。え？　イーグルスの歌？　へーー、「ホテルカリフォルニア」なら知ってるが…。

「エルカムットゥデオーテルキャールホーニャッ♪」

「あんた、それ、歌？」

「………」

失礼致しました。

さて、やがてギター爪弾きながら静かにその歌を山本潤子さんが歌い出されるのですが、イントロを聴いた瞬間、

「アーーーーッ!!!」

「ウルサイなあッ！　あんた、エエかげんにしときやッ！　歌聴こえへんやんかあッ！」

「そやかてこの歌ッ！　ほら、キムタクが主演した華麗なる一族いうドラマで…めちゃくちゃ暗く重いストーリーやったけど、ふと心が休まるシーンでＢＧＭとしてよく流れてきてた歌や！　俺この歌なんか好きやって言うてたやないか！」

「さー…そんな前のことなんか、忘れてもたわ！」


感性のないヤツは放っておきましょう。「華麗なる一族」…山崎豊子による有名なこの小説は何度か映画やテレビドラマにもなっている、神戸を舞台にした物語。真相はわかりませんが、登場する銀行や製鉄所はいずれも実在のモデルがあるとか。主人公・万俵鉄平の実家万俵家は神戸の旧岡崎財閥のことと噂され、その豪邸跡は今では須磨離宮公園内にある植物園になっており、誰でも入ることができるのです。

私はめったにドラマを見ないのですが、この作品だけはずっと見て追っていました。それというのも…ときおり流れるその歌が大好きだったからです。キムタク演じる鉄平が（まあ、最後は猟銃自殺を遂げてしまうのですが…）苦しみ抜いた果てに、ふと心が救われる場面に静かに流れてくる…その癒しに満ちた旋律が好きだった。

ただ、この歌は単にドラマ用に作られたＢＧＭだと思っていたため、もう聴くこともなかろうと、私はドラマ終了後に往診の途中、須磨離宮公園内植物園を訪ねました。豪邸跡だけあって、その植物園を歩けば…ドラマで見た万俵家の大邸宅を彷彿とさせるに充分なたたずまい。そして、あの父子の味わった苦悩に思いを馳せれば…聴こえてくる、あの歌が。

不思議な充実感と共に植物園を後にした三年前の初春の頃の昼下り…。

そうだったのか、そんなに有名な歌だったのか。それにしても、はるか昔と変わらぬ美しい声で歌いあげる山本潤子さんはすごい！

女房共々テレビでその歌を聴いた後、ネットで歌詞を調べ読んでみました（驚いたことに、様々な歌手達がカバーしてました。あのカレン・カーペンターも！）。

そして、悟ったのです。自分が一つやり残していることがあると。

「そうか…」

意固地になってフェンスの上に登ってしまって降りてこないとは、確かに今の自分のことかもしれない。

「もう、いいかげんに降りておいでよ。お腹が減ったらどうするのよ。もう若くもないアンタがさ」

ふと、あの川畑さんの顔が浮かびました。彼女が、そう言ってくれたような気がする。

「自分が正しいと思っていることが、自分を苦しめていることだってある」

いや、自分が苦しむだけならよい。

しかし、自分は苦しまず他人を苦

しめるのは、最悪だ。

忽然と消えてしまった合気、加藤さんの快挙、それら一連の出来事は…まさにこの歌の歌詞の中に予見されていた。これもまた、予定調和か…。

わかった、川畑さん。

ありがとう。

数日後私は、はるか遠くに去ってしまった大阪市阿倍野区昭和町に向かう電車に乗っていました。

再び……。

第八章　我有りて彼有り

――極意への扉を開けるカウントダウンその二秒前――

家路を辿る私のハラワタは煮えくり返っておりました。

「もう二度とここにはこない！」

「瞬間湯沸し器と笑わば笑え！　どうしても許せぬ一言は、あるッ！」

ある夜の十両での出来事です。

酔いも手伝ってか、何故か興が乗った私はマスターを合気上げしようと思いつき、やってみたが失敗。これはいい。何故なら、その原因はあくまで自分の修行不足だからです（ここでハッキリ申し上げておきますが、私にはまだどうしても上げられない人が今のところ少なくとも三人存在します。そのうちの一人は既に語った兄弟子の鳩山さん。なお誤解のないように申し添えますが、重い／軽いは関係ありません。何故なら体重八十キロ、つまり私より十キロも重い合気道二段の男性の方の挑戦を受けたときには簡単に上げることができました。そうかと思えば、私が上げられない人達三人の中には、何と体重わずか五十キロ足らずの女性も含まれているのですから）。

ところがマスターは私に、こう言ったのです。

「炭粉さん、これは催眠術やないか。それが証拠にさっきから炭粉さんは色々暗示をかけたはる。私は暗示にはかからんよ！」

フフフ…四十年かけてこの道を追求してきた私が全ての力、全ての技を注ぎ込んでも完封された合気を…「そんなもんがあってたまるか！」と否定に否定を重ね…腕立て伏せ千回は当たり前、腹筋五百回スクワット千回、更にはマムシに襲われながらも、夏の天川の大峰山系（修験道のメッカ）を走り、拳の骨が見えても泣きながら岩石を叩き続けた山籠りの訓練、いつしかバットなら三本まとめて廻し蹴りでへし折り、ビール瓶すら二本テーブルの上に置き固定せずとも手刀で切断できるほどになった。その全てをぶつけてさえも、どうすることとてできず完敗を認めた合気を…

催眠術とは、よくぞ言ったッ!!!

しかしながら…よく考えてみれば、マスターがそう思うのも無理からぬことなのです。自分など、保江先生に投げ飛ばされる前はまさに合気否定の急先鋒！　催眠術どころか、全く認めなかったハードワン（頑固者）だったのですから。

それでも今までの私の（自分で言うのもはばかられますが敢えて）血涙滲む鍛練を知っていれば、客商売のマスターです、たとえ内心「催眠術だ」と思っても、それを口には出さなかったでしょう。しかし、彼はそれさえ知らないのです。だから、マスターには何の悪意もなかったはず。

事実、その旨を伝える謝罪の文を私に送ってきて下さってもいた。だが、そのときはまだ頭が冷えなかったのです。それほどの怒りだった。

何故か？

どうしてそんなに怒るのか炭粉？

それは…自分即ち「我」の顕現あるが故！

上記、己の書いた文章をとくと見よ！　腕立て云々、バット云々…これこそが今の炭粉の正体なり！　何も知らない罪なきマスターに反射して自分に返ってきた「我」に勝手に立腹し、自滅寸前だったのだ、お前は！

「謝罪しなければならないのは、自分の方なのだ…」

昭和町の駅に着き、真っ直ぐ店に向かい、何の躊躇もなく扉を開けました。

「申しわけない」

そして右手を出しました。カウンター越しに握手、笑顔が戻る！
やがてお手伝いの桑原さん、そして常連の川畑さんが店にくる。そして…全ては、元に戻る。

「川さん、桑さん、心配かけました。申しわけありませんでした」

敵とは即ち、仮想です。それは自分自身が造り上げている。「我有りて彼有り」の意味するところです。
その自分自身即ち「我」を消したとき、敵はその存在理由を失い消滅するのです。

今回もまた、私の周り全ての人、全ての出来事に救われたばかりか、また一歩、合気の扉を開ける鍵に近づけたのでした。

感謝！

余章　野球とテニス、どっちが強い？

炭粉良三はあくまで保江邦夫先生門下、冠光寺眞法合気（即ち愛魂）の修行者です。ですから、大東流や合気道については、何も知りません。

私の知っている限りの方々の中でただ一人、佐川幸義宗範の手解きを直接受け、また宗範の合気の技をも御存知である保江先生の御判断だけが、私にとっての合気を意味します。まずもって、そのことをお断りしておきます。

さらに、もう一つ。以前あるプロボクサーの挑戦を受けたことがあります。結果はというと…、フルコン空手ルールでは、下段廻し蹴りによる私の一本勝ち。

ボクシングルールでは、テンプル（こめかみ）へのフックでボクサーのＫＯ勝ち。

つまり、お互いが相手のルールにはない技で勝っていることがわかります。しかし考えてみれば、これは当たり前のことです。いわば…野球とテニスほどにも技やルールが違うのですから。

しかし、私は保江先生とのスパーリング（自分はあくまで試合のつもりで行いましたが）で負けを認めました。これも奇妙なことと思われるかもしれません。何故なら、これはいわば柔術対空手、やっぱりルールが違うので噛み合わないはず。

そのとおりです！

もしフルコンルールでなら、実は私は先生には負けていません。何故ならそのルールならたとえ合気を使おうが、先生の出した技は全て反則だからです！

足を取るのも、投げを打つのも、そして掌底で押すのも全て、反則です。だからもし審判がいれば、先生は私に勝つどころか反則負けを喫することになるのです。更に言えば、合気を切った先生に私が極めた鍵突きにしても、柔術ルールに「当て身禁止」と謳われればオシマイ、私の反則負けになってしまいます。

何が言いたいのか、それは…

先生の手が触れるや否や、たとえそれがフルコンでは反則の掌底押しに見えたとしても、あくまでも合気によって力を抜かれてしまっていることを、誰あろう本人の私自身がよく知っているということです！

つまりあの場合、もし先生が拳を作って打ちかかっても、その合気により私は崩されたことでしょう。先生が柔術家だったため、突き技を知らなかっただけのことです。それ故、この神秘な技を使い得る保江先生に対し、完敗を認めたというわけです。

しかし、なお厄介なことに…もし先生が合気での拳技にて私を何度倒そうとも、やはり先生の勝ちにはなりません。合気の技には威力はなく、単に私の身体がシンクロを起こして自ら倒れているにすぎない。ノーダメージの私は何度でも直ぐに立ち上がり攻撃をかけることだろうし、勝負はつきません。合気で押さえ込み動けなくさせることはできますが、それは柔道なら有効ですが、空手ではやはり反則なのです。

合気を学ぶにあたり、どちらが云々はこのように意味をあまり持ちません。受けた本人にしかわからない、あの不思議な体感…これはいくら撮影された写真や動画を調べても、理解することは到底無理と言わざるを得ません。「ああでもない、こうでもない」という論争が、いたずらに起こるだけです。

逆に言えば、野球であろうがテニスであろうが、形態やルールに一切関係ない、即ち勝負そのものに関係ないところに咲く、合気という不思議この上ない花の存在を…体験をとおして知ることのできる人が一人でも多く増えて欲しいと、炭粉はただ、祈るばかりなのです。合気を知るには、それしかありません。

この文を今、喫茶店で書いていましたら、ジョン・レノンの名曲「イマジン」が流れてきました……。

第九章　芦屋での出来事

芦屋はとても小さな町。なのに、その有名さは全国規模です。ちょうど神戸市と西宮市に挟まれる形ですが、神戸と同じく南には海、そして北には六甲山系が東西に走っております。JR芦屋駅から、その六甲に向かって歩くこと十分、いわば芦屋のど真ん中の位置に、とある喫茶店がありま す。裏側は直ぐに山という風情で、まさに六甲山麓。その坂道には高級マンションや豪邸などが建ち並びますが、静かな雰囲気を損ねることはない、いかにも芦屋らしい場所。

そんな風景の中にあるこの喫茶店は一見山小屋風の、けれども屋根の上に草が繁り花も咲く、ちょっと面白い造り。それなのに…入ってみると、空間の使い方がとても上手な配置のために、狭さは全く感じません。しかも、大変落ち着ける。更に、ママさんも美人！

ということで、私は芦屋に往診にきた際には必ずここに寄ることにしております。しかし、前から知っていたというわけではなく、あれはちょうど一年ほど前…「見えざる神の一回転」や「不動大示」など合気原理の入口に突如至り、急に凄まじい恐怖感と孤独感に襲われながらこの町をさすらったときに何故か、この店が目に飛び込んできたのでした。ママさんが入れてくれたコーヒーを飲んでいるうちに、徐々に落ち着きを取り戻すことができた。

とにかく心が安らぐのです、ここにくれば。特に二階が素晴らしい。三人掛けのテーブルが一つ、二人掛けのテーブルが一つの小さい部屋なんですが、やはり狭さは感じない。だから私は、この店の二階を原稿を書くときにもよく利用しております。

さて、そんな素晴らしい喫茶店で、ある日驚くべきことが起こりました。「はじめに」にも少し書きましたが、その店の常連の女性客の口から突如「植芝盛平」という名前が飛び出したのです！その日は一階のカウンター席にいたのですが、ママさんが前著『合気解明』のことを話題に出してくれたとき（実はこのママさんには既に合気上げも経験して頂いていたのです）、カウンター端に座っていた年配の女性客が語ったのです。

「東京にいた若い頃に合気道をやっていて、そのときに植芝盛平先生にお会いでき、技をかけて頂いたことがある」

驚きと共にお伺いしたお話は、次のようなものでした。

東京にいた頃に合気道をしておりました。すると、ある日習っていた先生から植芝先生に会わせてあげようと言われ、若松町にある本部道場でお会いしたのです。

それはある演武会のときのことです、各先生方の動きを見ていたのですが、やっぱり植芝先生はもう随分なお年なのに別格だなあと思ってしまいました。でも…日頃教えて下さってる先生方が植芝先生にかかっていく段になりますと、植芝先生の技に力学的にはあり得ない崩れ方をなさるのを見て…「いくら相手が大先生だからって、これは皆様サービスしすぎだわ」と思っておりますと、植芝先生が私に向かって「こっちへおいで」とニコニコ笑いながら促されるのです。

だから立って先生の方へ行こうとした瞬間、先生は私のおでこの辺りをサッと指差されました。いえ、触れてなんかいませんよ。離れてました。

そしたら…どういうわけか私、進めない！　かといって退くこともできない。どうすることもできなくなってしまったのに、植芝先生は「技をかけてごらん」と仰るから「動けません！」と答えましたら…またニコニコとされて。

私、本当に不思議でした。あのときの植芝先生の笑顔が今でも忘れられません。そして、他の人達からは…植芝先生にお会いできるだけでも貴重なことなのに、技をかけて下さるなんてあり得ないことだと、羨ましがられたのです。

うーーーーーん!!!

何と……。

この方のお話を伺って直ちに、私は保江先生が『合気開眼』の中で書かれていたことを思い出しました。即ち「ことによると植芝翁は、晩年には真の合気を悟られていた可能性がある」ということを！

そうです、かつて植芝翁に会ったことのあるこの方のお話の内容を実現するには、これは本当の合気が身についていない限り絶対に不可能！　一刻も早くそのことを保江先生に伝えたくなった私は、お話を聞き終わるやすぐに店を出て、先生に連絡致しました。その後のことは序章でも述べましたとおりです。

しかし、不思議の連鎖…予定調和は今度は、いったい私に、何をさせようというのだろうか。

そして何とか自分を落ち着かせ、新しい文章を書く気持ちになったとき、神戸稽古会での浜口さん、畑村さんとの秘密の稽古が、一週間後に迫っていたのでした。

二回目の秘密稽古…そこで我々三名が期するものとは何か？

実は…それは武術としての冠光寺眞法、保江邦夫先生の教えに対して一応の完成を我々が見るための、大変重要なことだったのです。そして、それを成功させるための鍵こそは、晩年の植芝翁がよく口にされていたといわれている、ある言葉なのです！　即ち…、

「合気とは、愛気である」

第十章　我無ければ彼無し

——極意への扉を開けるカウントダウンその一秒前——

その日、我々はいつになく慎重でした。

平成二十二年三月十四日、午後五時すぎ。場所は件の体育館。私が到着したときには既に浜口さん、畑村さんの両名は一稽古を終わり、ロビーにてオニギリを頬張っておられる。私とほぼ同じ時間帯にもう一人、桃塚さんとおっしゃる稽古会のメンバーの一人が早めにやってこられました。

私を入れて四名か…。


「実に、好都合だ」

私は内心そう思いました。

「例の技を試すのに、できれば撮影したいと思っていた。その技に三名要る。だからもう一人は撮影に回って貰える…」

畑村さんの様子を伺うと、よしッ！　自信が戻っていると見た！

「スタンバイオーケー！　炭さん、いつでもかかっておいで！」

そう、彼の顔に書いてあるッ！

それにしても、さすがだ…。

私は二人揃って合気が消えてしまったことを思い出していました。あれからまだ十日ほどしか経っていないにもかかわらず、この日にキチンと調整してきたとは…かくいう私もそうでしたが、これで保江先生のお墨付き、天才的合気の浜口さんに受を取って貰える身の幸せを、ヒシヒシと感じます。

それは、畑村さんの一言から始まりました。前回の二人の秘密稽古のときです。共にフルコンスパーリング中に瞬時に合気モードとなって相手を崩すことができることを確認した彼は、私にこう言いました。

「炭さん、では今度は始めから二人とも合気モードになっておいて、お互い攻撃するでなし防御するでなし、一見中国武術の推手の真似事のようなことをしてみよう！　推手と違うところは両手を使い足を動かして移動するのも自由ということで」

当初畑村さんが何をしたいのかよくわからなかったのですが、とにかく彼の言うとおりにやってみました。すると、これがなかなか難しいのです。何かの拍子に合気モードが解けてしまったら最後、相手の何でもない腕の動きに投げ倒されてしまうのです。何せ相手は合気モード継続中だからですが、なるほど、これはよい稽古になる！　環境の変化に対しても暫くの間モードを保つ稽古に！　慣れてくると、面白い！　どちらが動き出すでもない…ただ腕と腕がくっついた状態であっちユラユラ、こっちユラユラ…で、数分ほどそれを続けたでしょうか。畑村さんが「よ～し、ここまで」と術を解きました。そして、実に重大この上ないことを発言したのです!!

「炭さん、実はね～、自分は今炭さんとやったことこそ、あのエスタニスラウ神父がやったはったことやと睨んどるねんけどな～」

「！！！！！！！！！」

私にとって、もうそれだけで、充分すぎるほどに充分でした。瞬時にして目の前に…かつてテレビで見、保江先生の『唯心論武道の誕生』のために描いた、あの隠遁者様御修行時代のお姿が、ありありと浮かんできたのです！

「そうだ畑さん、きっとそうに違いないッ!!!」

そして暫し…はるか昔、あの荒涼たるモンセラートの光景の中、二人の神父が…荒行のためにボロボロになった法衣を纏い、素手素足で組み合っているお姿を偲んだのでした。

「浜口さんもそうだが…全くこの男も、天才だ！　自分など、そんなことは考えもつかなかった…」

そう舌を巻いた直後のこと!!

「あ、そうだ畑さん、できるかもッ!!!」
「え？　できるって、何を？」

思い出したのです！　保江先生からお聞きした、神父のあのエピソードを！
そう、スペイン陸軍のレンジャー部隊が演習のためにモンセラートを訪れた際、そこで取っ組み合いをしている汚い坊主どもを「邪魔だ」と退かせようと神父達に触れたとたん、力を抜かれコロコロと転がされたという、あのエピソードを！

「う〜ん…そうか！」
「そう！　今の俺達なら、ひょっとしてそれを再現できるかもしれない！」

だとしたら、保江先生門下として、冠光寺眞法の修行者として、これほどの悲願がまたとあるだろうか?!!

「是非やろう！　そしてその模様を撮影し、保江先生に奉納しよう！」

「しかし、今日は俺達二人しかいないしなあ…」

「大丈夫、それこそ二週間後の次の稽古会のときに浜口さんを呼び、皆より少し早めにここへきてやってみよう！」

ということで、世紀の実験は二週間延期されることとなったのでした。ところが双方共に一時合気が消えてしまったり、様々なことが起こったという下りは、今まで書いてきたとおりです。

そして…時が満ちたか！

今まさに合気が戻った空手家二人に浜口さん、そして桃塚さん。そう、まるで我々の思惑を感じ取ったように浜口さん自身も「試したいことがある」と本日の稽古会に畑村さんや私を誘い、早出してこられたのです！

試すや、今ッ!!!

最初に申し上げたように我々はいつになく、慎重でした。事が事なのです！

一番乗りの体育館で、三脚を立てカメラを据え撮影準備。おお、三脚があるのならば桃塚さんにも参加して頂けるぞ！　そしてまこと二人に合気が戻っているか、再度確認。

両者一礼の後即座にフルコンスパーリング開始、最初は畑村さんがフッ…と合気モードになる。途端に大きく崩れ倒れる私。今度は交代、ドドドッと打ってくる畑村さんに向かいフッと我を抜く……

「んッ？　崩れないッ！（術が）浅いか…」

そこでいったん合気モードを解除し瞬時に二回目の合気がけ。すると今度は畑村さんが前転するように崩れる。

「むう、危なかった…完璧だった畑村さんとは違い、俺の方はまだ我が少し残っていたか…」

思わず安堵した私に、起き上がってきた畑村さんは言いました。

「炭さん、二回かけたやろ（笑）！」

皆様、どうか聞いて下さい。時間にして、おそらく0.5秒内の攻防なのです！　合気は脳の処理能力をはるかに上回る業であることは既に何回も述べてきました。

「あれを見抜くとは…」

私は畑村さんの技量に驚嘆致しました。

そう、まさに！

「我有りて彼有り」

敵とは、己が造り出すもの。

「我無ければ彼無し」

故に、合気モードとなって我が発生する0.5秒という時間よりはるかに速く己を加速させることにより、最早敵対などあり得ぬ世界に飛び込む！　限りなく「今」に近く！　もっと近く!!　もっと、もっと近く!!!

「できる！　絶対に、今日の我々なら、できる！」

はやる自我とは裏腹に…その奥にある自分のもう一つの存在は、逆に静まりかえってゆくのでした。いや…静まりかえるというよりは…思い出していたのです、ある出来事を…。ちょうど九年も前になる、あの悲しい出来事を…。

ビデオカメラの撮影スイッチを今しがた入れ、カメラから離れた浜口さんと桃塚さん、スタンバイ！　畑村さん、スタンバイ！　さあ、後は畑村・炭粉二人が直ちに合気モードとなり組み合い、残り二人に外から掴みかかられるだけ！

悲願達成まで、極意の扉が開くまで、遂に、遂に…後一秒前ッ!!

遠くで、声が聞こえる。

あの、独特の甘ったるい…しかし頑として意志を曲げぬ強さを秘めた、女性の声…。その彼女が、やがて語らなくなった。

周りでざわめく気配がする。私がいて、嫁がいて、『合気解明』に登場したあの幼馴染みの拳友の姿もある。皆、喪服を着て、語らなくなった彼女の元に、集まっている……。

「どうして？　どうして、こんなに早く」

「いや…女性にこんなことを言うのは失礼かもしれないが、これが彼女のダンディズムだったのかも」

「実話作家としての文筆稼業はどれほどのストレスだったろう。その自分の作品と刺し交えるとは、カッコよすぎるやないか…」

本人は、それでよかったのかもしれない。だけど、生きていて欲しかった！　まだ、再会したばかりじゃないか！　蓮《はちす》さん……。

第十一章　木蓮祭

礼をとり、双方共に両腕を前に出し間合いを詰める。お互いに、空手家特有の目、それは猛禽類にも似た、鋭く厳しい目。

やがて…フッ…と我を抜き合気モードに。

途端、その目からは鋭い光は失せ、これまたたとえるならば…魚屋に並ぶ、死んだ魚のそれのごとき虚ろな目に変化《へんげ》する。そこには一切の感情や思考の痕跡、即ち相手に発信する自己に対する情報は遮断され、あるのはただ、日の光差さぬ山中の鬱蒼たる森の中にたたずむ名もない池の水面のごとき眼差しのみ。

浜口・桃塚両氏がこちらを伺っている。そして先ずは浜口さんが接近してくるのが、漠然とながらわかりました……停止しているはずの感情や思考の更に奥で、何かが動いている……！

今からちょうど九年前の三月十四日の夜のこと。

芦屋方面の往診に時間がかかり、夜十一時すぎに帰宅した私は、玄関先でとても信じられない知らせを嫁から聞きます。


「蓮麗《はちすうらら》さんが、今しがた亡くなったそうよ」


嫁からそう告げられてから二時間ほどの間の記憶が、実は私にはないのです。

蓮麗…彼女は件の竹馬の拳友共々、小学校時代の同期生でした。この二人はとにかく小学生離れした体躯の持ち主で、当時はまだあった「健康優良児」に選ばれるほどでした。そればかりか、非常に頭脳明晰、これまた二人そろって成績もトップクラスでした。しかし、当時これといって何も特長のない平凡たる小学生だった私の目には、この蓮さんの姿がものすごく眩しく見えたものです。だからもう、休み時間になれば蓮さんのクラスの前をうろうろ、いわゆる初恋です。

そんな秀才の彼女達と進路を同じくできるわけもない自分は卒業後、彼女の消息は一切知りませんでした。ですから、今の嫁と結婚した後もほんのときたま思い出しては「今頃は子供の二～三人も産んで、すっかりオバチャンになってるだろうなあ」と思うことはありました。

そんなある日、突然竹馬の拳友が東京から電話をかけてきて、何と蓮さんが大きな賞を次々と獲得し、著名な実話作家になっていることを伝えてきたのです。彼も驚いたらしいが、私もビックリ仰天しました。そして彼ら二人はわざわざ東京から我が家に来てくれると共に、旧交を温め合うことができたのです。

何せ、初恋の人が目の前にいるのですから、もう私は幸せの絶頂でしたが何より、蓮さんは我が嫁ともとても仲良くなり、盛んにやり取りをするようにもなったのでした。

そんな楽しい再会からたった八カ月後に、彼女は仕事場にしていた自宅アパートで突如原因不明の死を遂げるのです。

部屋の中は、足の踏場もないくらいにビールの空き缶が散乱していたといいます。あるとき彼女自身が語っていたことですが、ここぞ！　と魂込めて文章をキーボードで叩き込むとき、一度奥歯を噛み砕いてしまったことがあったそうですから、おそらく…想像を絶するストレスと共に文章と格闘していたのでしょう。彼女の作品は、いつも世間ではあまり顧みられることもない人達をじっくりと見つめるものが多く、その仕事は激烈な作業だったことだろう。

だから、その自分の仕事と刺し交えて亡くなった蓮さんの姿は、私にはまるで名作「あしたのジョー」のラストシーンのように思われてなりませんでした。

「女のクセに…俺達よりはるかにカッコよく逝きやがって…」


葬儀に駆けつけた我々の前に、もう決して語らない彼女の顔がありました。

葬儀が行われた東京から戻り、富万で晩飯を済ませて帰宅すると…夜目にも美しく、真っ白な木蓮が咲いている。それを見た嫁が、彼女の命日を「木蓮祭」と名付けたのでしたが、その名前は彼女の親友の方を通して全国のファンの方々に認められ、今ではその呼称が定着したと聞いています。

三月十四日…木蓮祭。

実話作家にして初恋の人、蓮麗の命日。そうか…もう九年も経つのか、あれから。

あのときの追悼文にも確か書いたっけ。「斎場を後にし、放心して月島をさすらう今頃になってはじめて、今日一日我々を照らしてくれていた太陽が案外暖かいものだったのだと知った」と。

そういえば、今朝も春らしい穏やかな朝だったなあ。残念ながら我が家の木蓮は今年は少し開花が早く、もう散りかかってはいるが……。

「ウワーーッ!!!」

叫び声に、ハッと我に帰りました。見ると、何と浜口さんがブッ飛んでいるではありませんか！

「あッ！　そうだ！　俺達は今…」

いかんッ！　普通モードに戻るやいなや、畑村さんの手の動きに巻き込まれ、こちらも投げ捨てられる！

フッ…と直ちに我を抜く！（危なかった…）そして我に返ったわずかな時間を利用して、私は叫んでいました。

「二人がかりで、かかってきて下さいッ！」

第十二章　聖《ひじり》の御霊《みたま》へ

「二人がかりでッ！！」

浜口さんが起き上がり、再度かかってくる！　桃塚さんも、後に続く！　そして…二人共に崩れ落ちる！　畑村、炭粉両名は、ただ…両腕を絡ませユラユラと、掴みかかってくる者は一切感知せずただユラユラと漂うだけ。

「で…できた！　できたやないか畑さん‼」

「よっしゃ、成功や！」

術を解いた二人、それに見事に受を果たして下さった浜口さん、桃塚さん。

遂に、嗚呼、遂に…できました、隠遁者様…エスタニスラウ神父！　そして共に修行された、リカルト神父！

ただ一人、保江邦夫という日本人に伝わった、その業を…。彼の弟子どもが、そのほんの一端であれ、指の先が…かかりました！

見て下さいましたか……。

「う〜ん、これはたまらず崩れてしまう」

浜口さんが唸る。

「そうだ！　撮影は?!　撮れてますかッ?!」

私が叫ぶ。

何せ、もう二度と再びできるとは限らないのです。

「大丈夫や炭さん、バッチリ撮れてるでぇ！」

畑村さんが応える。みんなでビデオカメラの下へ急いだ。そして、見た！

「イヤッッタアアアーー!!!」

今まで書き進めてきた今回の一連のお話は、実は後半からはそのほとんどが起こる出来事と同時進行のドキュメントスタイルでの執筆だったのです！　ですから、もし…もし最後のこの試験稽古が失敗してしまえば、今までの全てのエピソードはそのバランスを崩し、予定調和とはとうていいえずに単なる偶然の羅列に堕してしまうところだったのです！

自我故の十両との喧嘩、そして温かく迎え入れてくれた古巣の方々、更にその帰還を待ち受けていたかのような組手における奇跡の合気の発現、山本潤子さんのデスペラードが導いてくれた反省、そして昭和町との和解即ち我の解体、すると突然現れた植芝翁を知る人とのあり得ない出会い、畑村さんの合気修得、しかし合気の道は厳しくそれが消え去ってしまったこと、群馬の弟弟子・加

藤さんの快挙と二度目の反省、木蓮祭、そして…保江邦夫先生はじめ同門の先輩後輩全ての方々の御指導と御協力…。

　ここにたとえ一瞬にせよ、はなはだ不完璧にせよ、たとえその千分の一、否、万分の一にせよ…冠光寺眞法を保江先生にお伝えになった隠遁者様・エスタニスラウ神父とリカルト神父の伝説の技の再現ができたのです！

　一人炭粉良三のみなら

ず、門下全ての方々の、関わって下さった全ての方々の予定調和に乗せて、この演武を…お二人の神父の御霊に今、捧げます。

やがて、神戸稽古会のメンバーの方々がやってきました。浜口さんが「くっつく合気」の指導をされます。

「おお！　確かに掌にくっついてしまう！　たった、これだけのことをするだけで……」

岡山は野山武道館にて保江邦夫先生により開始された冠光寺眞法、今その流れの一筋は神戸に至り、天才肌の浜口・畑村両氏の指導の下、大きく成長しようとしている…。

稽古会終了の後、家路をたどりつつ、炭粉良三は大きな感慨の中にありました。「合気を知りたいのか。それなら私が教えてあげよう」と、夢で私に語ったイエス・キリスト。

信仰は、ない。

これからもただ、武術家の端くれの一人でしかないだろう。しかし振り返ってみれば確かに、いつもそこには主の十字架があった気がする。無心に日曜学校に通っていた、はるか昔の、あの幼い頃から……。

「だから言ったではないか。私は世の終わりまで、あなたがたと共にいる」

イエスの声が、聞こえた気がしました。「愛」か。

何となく…わかったような気がする。そして、拙い文章で綴ってきた合気の「私考」は、おそらくこれで、その務めを終えるのだ。

そう、これからは…私考であってはならない。宇宙森羅万象の原理に「私」など、ないからだ。

それを成り立たせているものとは…おそらく「愛」。

唯一無二の「愛」に、その存在に、限りなく近づいてゆこう。それが、それこそが、おそらく…真の修行なのだ。

終章　何故キリスト教世界に合気が生まれたか

保江邦夫先生の『合気開眼――ある隠遁者の教え――』と出会ってから二年二ヵ月がすぎようとしております。これは同時に、私の見たあの不思議なイエス・キリストの夢から同じ日数が経ったことを意味します。この両者が時同じくして起こったことについては、まことに不思議としか申し上げようもありません。

しかし、空手を中心にずっと武術を稽古してきた私にとっては、たとえ初めは否定していたとしても、合気は武術の世界に限定されるモノでしかありませんでした。ですから、いくらあの不思議な夢が仲介してくれたとしても、また先生がカトリックの隠遁者様ことエスタニスラウ神父から教わった術だと仰っても、実はかなり長い間少なからず違和感を覚えていたのです。

「そうはいっても、やはり先生は佐川宗範から教わった合気を使ってらっしゃるのではないか?」

しかし、前著の原稿を書いているうちに、その違和感は徐々に、そして確実に消えてゆきました。思い出したのです、昔々日曜学校に通っていた頃に教わったイエスの教え、それに受験勉強をしていた頃に必死に暗記した世界史を。

ローマ時代、キリスト教は瞬く間に欧州各地に拡がっていきます。それを恐れたローマの皇帝達は凄まじい迫害をキリスト教徒達に加えたことはよく知られております。それはイエスの愛の教えにより、彼らキリスト教徒がローマ皇帝の権威を無視したことによる制裁、あるいは「このままではローマ帝国が成り立たなくなる」というローマ側支配階級の感じた恐怖感によるものだと一般的にはいわれておりますが…本当に、それだけの理由からだったのでしょうか?

私には新たな意見があるのです。

なるほど初期の頃にはそういった理由で迫害が行われていたと思われます。ところが…イエスの教えを全うするために、それこそキリスト教徒達は自分を捨てて死をも恐れず自ら進んで殉教していきます。

そう！　このとき、全てを捨てて（即ち、まさにイエスが説いたように、これから自分を殺そうとする者に対してさえ…愛をもって受け入れ）殺されていく信者達の中には、ひょっとして…「ん？これは…」と命を奪われる前にその不思議な効果に気づいた人達がいたのではなかったか?!

はからずもそれは…そう！　日本武士道の極み『葉隠』に示される、あのあまりにも有名な言葉とピッタリと符合するではないか！

「武士道とは、死ぬことと見つけたり」

そして日本の武士と同じく、自分を滅することで立ち昇ってくるその不思議な「逆効果」を発見したキリスト教徒達は、これこそ加えられる迫害に対してイエスの教えを遵守しつつ身を守れる神の業として秘かに発展させたのではないか。

そしてローマは…それをこそ、恐れたのではなかったか！

無論、何の確証もありはしません。単なる私の想像です。

しかし、迫害に対して自分を捨ててきたキリスト教徒達の境地が、日本の武士の…恥をかくくらいならサラリと命を投げ打つ「潔さ」と、いつしか重なって見えるようになってきたのです。

ということは、キリスト教徒の中から日本武術の奥義に匹敵する業が境地が、生まれたとしても…そうだ！　不思議ではない！

自分でかくの如くに結論づけることができてから、私はエスタニスラウ神父が保江先生に伝えたという術が合気と同じ原理である可能性を強く感じるようになりました。

思えば…治療原理をも含み活人術としても使えるキリスト教伝来の合気というのなら、日本の合気にも、その片鱗を見ることはできます。合気道と同じく大東流から派生したといわれる八光流には、皇法医術という治療術があると聞きます。

そう、これはまことに、もしかしたら……だが、やはり全ては謎です。

真相はおそらく、突き止められることはないでしょう。永遠に……。

第一部付録　胎動の前夜　その一「苦悩」

昨年の十一月末のこと、前著『合気解明——フォースを追い求めた空手家の記録——』第二部「続・合気私考」の草稿を書き終わった後、私は爽快感に包まれていました。「ああ、これで書くべきことは全部書いた！」と。

しかし実際の修行となると、そう都合よくは決して進みません。

私が岡山の野山道場の稽古に参加できるのは年に二度だけなのです。ですから合気の稽古といってもそれは嫁や知人達と合気上げの稽古をするぐらいしかできない。空手の稽古中に秘かに試そうと思ったこともありましたが、やはりそれはよくないと考え直しました。稽古生は皆、あくまで空手を稽古にくるのですから。

日々の往診の中でも色々と気づきがあり、そういったいわば仮想稽古は心の中でもできるのですが、武術は実際に試さなければ意味をなしません。

それ故、せめて年末の最後の岡山稽古に参加するときにはある程度の結果が出せるようにしておこうと思い工夫するのですが、どうやったら自我を消せるのかが、まだわからない、技術化できない…と、やや焦り気味でもありました。

「そんなこと、本当にできるようになるのだろうか…」

しかし、それができない限り合気の業は顕現しないとわかっているだけに、焦りがつのったのです。

「このままだと、理屈先行という最も忌むべき状態に陥ってしまう」

それがわかっていながら、しばし打つ手はなかったのでした。

第一部付録　胎動の前夜　その二「稽古の中の孤独」

そんな中、ようやく文章の推敲も終わり「続・合気私考」は脱稿しました。ホッとしつつ岡山での年内最終稽古に向かいます。

およそ一年振りに野山道場に到着すれば…先輩や同輩、それに顔を知らない新たな後輩達もかなり増えています。そういえば土曜日の稽古だけでは収まりきらず、最近では日曜日も稽古をしていると聞きました。冠光寺眞法合気を求める人達がそれだけ増えたわけですから、これはまことにめでたいと言わなければならない。稽古生が増えれば増えるほど、合気を悟る人が出る割合は高くなるのですから。

しかし、そんな野山道場の活況を眺めながら、私は少し寂しい気持ちになっていたのです。

「いくら文章を書いたとて、自分はどれだけ精進できたというのか…なるほど、合気上げはかなりできるようにはなった。それを応用したスマイルリフティングの普及にも少なからず貢献できた。しかし…その他の武術の技には未だ合気をダウンロードできていない。それを試す稽古の場すら自分にはないのだ…」

そう、それが今現在の偽らざる炭粉良三に与えられた厳しい環境なのでした。
皆で揃って礼の後、保江先生の技の解説が始まりました。受をとるのは…おお！　恒藤和哉先輩か！　広島で建築業を営む体躯堂々たる拳法家です。

「恒藤さんをはじめ皆さんさぞかし腕を上げられただろうなあ…」

そういえば浜口隆之さんの姿が、ありません。
この方は関西の某有名進学校で物理を教える教師であり、保江先生も「合気に対する天才的閃きがある」と高く評価されている先輩です。
あれは十カ月ほど前のこと、「見えざる神の一回転」に気づいた私が、その気づきが正しいかどうかをお聞きした重要人物でした。東神戸にある寿司屋・富万にて共に飲みながらお話させて頂いたとき、浜口さんから「それは正しい」とお墨付きを頂いたときの嬉しさは、今でもハッキリと覚えております。しかし、その後で得体の知れない恐怖感に襲われ、その怖れこそが「合気私考」を著す原動力になったことは、既に述べたとおりです。

少し寂しいのは、彼がこの場にいないせいもあるのかもしれません。年末から年始にかけて、おそらく多忙な日々を送られているのでしょう。

さて、各自相手を選んで組み、技の稽古に入る時間となりましたが…誰と組もうか。なにせ一年振りなのだから、顔見知りであっても初対面と同じようなものだからなあ…。そう思い、相手を決めあぐねていたときのことです、突如それこそ全く初対面の男がいきなり目の前に現れたのです。

「年は…俺よりは少し上か。なかなかいいガタイだが…さてはフルコン系の空手をやるな、かなり」

身長は私よりやや低いがその分幅があり、スポーツ刈りにした頭髪には白いものが目立つ、まるでそのまま寿司屋の板前にでも直ぐになれそうな風体の男を眺めつつ、私はそう直感しました。

道着が異様に似合っている。それも柔道着ではなく、止め紐のないフルコン仕様の空手着であり、左胸に刺繍してある流派名を白いビニールテープで隠しているところ（これは我々フルコンが大会や他流の稽古に参加するときの礼儀）から瞬時にそれらの情報を読み取ったのでした。

すると、その男が座礼の後で口を開きました。

「炭粉良三さんですね！　先生から聞いております。お会いしたかった、押忍ッ！！」

その男は畑村洋数と名乗りました。今年の九月に保江先生に入門し、そして神戸で自流の空手会を主宰するとも……。

関西某所の文化会館を訪れ、昭和町ドリームの余韻と保江先生からの吉報に酔った、あの十一月の美しい朝を最後に、停滞気味だった我が修行の日々。しかしながら見えざる世界の中にあって着々と予定調和は準備を進める。このときは無論、まだ何もわからない。わかるはずもない。

そして平成二十一年十二月二十六日に行われた岡山の野山道場における年内最後の稽古は、この畑村と名のる男と、先輩・鳩山泰彦さんとの技の交流を通して、合気の「種」を私達に植えつけてくれたのです。これが、その二か月後に発足間もない神戸稽古会における一大原則に育つことになろうとは…

それも含めて、まだ誰にもわかりはしないことだったのです。

第二部　新・合気私考

さて、ここからが今回合気について私が新たに考えた部分、つまり「新・合気私考」です。しかし第一部でも書きましたように、おそらくこれが合気に対する「私考」の最後になるだろうと考えております。「合気私考」、「続・合気私考」と書いてまいりましたが、まがりなりにも隠遁者様・エスタニスラウ神父の技の一部を再現できた今、これからは最早個人的な感想や考えである「私考」ではなく、唯一無二の原理を（紐解くのではなくして）会得する方向に、少なくとも我々冠光寺眞法の修行者は向かうべきだと悟りました。

第一部をお読み下されば、我々が最近何やら決定的な「秘密の方法」のようなものを発見したかのように思われるかもしれません。確かに、ある意味そういえる部分もあります。しかしもし百パーセントそうであるなら、それは公表などとてもできませんから「新・合気私考」は書きようもありませんん。我々が発見したこととは何も「秘中の秘」などでは決してなく、むしろ保江邦夫先生の今までの御著書にも頻繁に出てくるものであります。無論、私も今までの拙著の中に描いております。強いて申し上げれば…我々は、今まで何度も繰り返し描かれたことの本当の意味に思い至った、とでもいう他はありません。ここでは、それが「何か」ではなく、それにより「何が起こるか」について申し上げることに致します。

合気の業（技ではない）を顕現させるには、とりもなおさず合気モードにならなければなりません。合気モードとは、無念無想（夢想）になることです。それは「滅私」即ち「己をなくす」ということですから、如何なる敵意をも生みません（敵意とは「己」つまり自我が作り上げるものだからです）。この意味において、「無念無想」とは「愛」と同義です。愛とは、敵意のない状態を指すからです。

ここで、仮にそのような合気モードになれたとしましょう。すると…身体の内外にて、ある変化が起きます。

各々どのような変化なのかを述べる前に、私が前著で述べてきたベンジャミン・リベット博士の説について、御注意申し上げます。この説において最も大切な点は「我々の脳による認識は、実は0.5秒過去なのだ」というところではありません！

大切なのは「にもかかわらず、さも我々がことが起こると同時に認識しているように脳が捏造する」という点と「我々が自発的に行おうとする0.5秒前に脳が無意識下で、行う準備をする」という点に尽きます。

決して我々の意識に上ってこない脳の「捏造」と「準備」、この事実をしっかりと覚えておいて下さい。逆に言えば、これらがあるからこそ合気は（人間限定で）可能なのだといえます。もし我々が（普段我々が勘違いしているように）本当にリアルタイムで物事がわかっているのだとしたら、合気は不可能なのです。

だから「合気をかける」ということの真の意味は…


「脳判断モードのままの普通の人に対して、自分は脳判断を完全に断ってしまう」


という意味になります。

するとどうなるか？

それだけで、脳判断を断った人は脳判断を継続している人より0.5秒速い地点即ち「真の今」に立つことになります。このとき、その人の脳は使われていないが故に（これを「脳を初期化する」と呼んでおります）前述したように身体の内外で、ある変化が起きます。

まず外側ですが、それはその人の「雰囲気」が変わります。

これを

「雰囲気だと？　バカぬかせ！　武術の攻防において雰囲気を変えて何になる！　部屋の模様替

えをしてるのとは違うんだぞ！」

などと言わないで下さい。

生死をかけた武術の攻防なればこそ、これがある意味全てだといってよい。何故なら「雰囲気」とは「情報」と同義だからに他なりません。

我々は日頃の対人関係において、無意識下で実に多くの情報を感覚器官から脳に送っています。脳の判断を仰ぐためにです。たとえば「この人は今怒っているのか？　それとも喜んでいるのか？」等々、顔色や目つき、振舞いなどを見て必死に判断しようとしているのです、実は。ところが、観察される側の人の顔色や目つき、振舞いが生まれる原因は、脳による無意識下での準備に他ならない。ということは…脳の機能を停止した者は最早それらの雰囲気（即ちどんな気持ちなのかという「情報」）を生み出すことがなくなってしまう！

無情報！　何の情報も発信しなくなる！

このとき、普通モードの人から見れば「こいつ、バカみたいな顔をしやがって、いったい何を考えているのだ？」と顕在意識で思う以上に無意識下での脳の作業は混乱をきたしているのです。そして…顕在意識ではとても追いつけない「今」において、あの不可解なる合気シンクロ現象が起きる準備が整うのです！

一方、合気モードとなって起こる内なる変化は…ものの見え方が変化するのです！

前著でも「人は経験しなかったものを見ることは実はできない」と申しましたが、実際脳が最も捏造を施すのが視覚から入ってきた情報に対してです。というか…少しでも「見る」という行為の科学的解説を語った著書をお読みになった方々ならおそらくわかって頂けると思いますが、「見える」ということそのものがもう、脳の捏造以外のナニモノでもない！

ということは…その脳を初期化してしまった後で見える風景とは、あるがままの風景をあるがままに網膜に写し出された像のままに見える風景ということになります。

脳の作業や捏造を全て取り払った後での風景がいったいどのようなものなのか、それはここでは語りません。が、この分野を勉強した方々なら、おそらく想像はつくと思います。というより、もっと簡単にわかるものかもしれませんが（ヒントを一つだけ。目は二つありますよね！）…。

実に、この操作捏造抜きの見え方が自分で「合気モード」に入れているかどうかを自分で判断できる手がかりになるのです。とはいえ…脳は使っていない故、自分の中のいったいどこが「判断」などできるのでしょうか？

この部分は今でも極めて不思議な部分なのです。とにかく脳がしゃしゃり出てきた時点で、合気モードは完全に御破算になってしまいますから…。

さて、この身体の内外の変化のうち、外側の変化で一つ勘違いしてはいけないことがあります。それは、何の情報も発信しないバカのような顔になるといっても、これは合気モード即ち脳からの命令を遮断する結果としてそうなるのであって、脳からの命令を無視することなく（演技で）バカの顔をしたって、何の役にも立たないということです。

これを「ポテトチップスの法則」と呼んでおります。昔ポテトチップスのＣＭで「百円でポテトチップスは買えますが、ポテトチップスで百円は買えません。悪しからず」というのがありましたので。逆は真ならず。

あくまで合気モードに入った結果として、バカ顔になるのです。

脳からの命令を断ち、ただそこにたたずむ。

今までに勉強してきた多くの武術書に書いてあった様々な事柄が、静かに思い出されます…『猫の妙術』、『木鶏』、沢庵禅師の『不動智神妙録』…。そして、この合気モードに入ったときの内なる変化を知るとき、宮本武蔵が「武の本懐とは？」と聞かれたときに語ったという次の言葉の意味が、静かに、鮮明に、わかってくるのでした。

「たとえばそれは、幅の狭い道を歩くようなものだ。それくらい誰でもできると言うなかれ。ではもし、その幅狭い道がはるか高所にただ一本通っていたとして、同じようにその上を歩めるや否や。それを可能にすることこそが、武の本懐」

親愛なる読者諸兄よ、どうか悟られよ。この武蔵の言葉は、精神論にあらず。実際にそれを可能にする、ある現象が…起こり得るのです。

そして、無念無想、あるいは夢想…これを限りなく純化してゆく。そうしてゆけばゆくほど、その人の速度は上がっていきます。「反応のスピード、動きのスピードが上がる」という意味では、決してありません。

立っている場（場所ではない）、そして自分という存在、更にはそれら二つを含む「世界」の全ての速度が上がるのです。その加速はおそらく、下記のような事態を招くはずです。

敵意は、既に去り…

悲しみもなく

痛みもなく
怒りもなく
憎しみもなく
在るのはただ「今」即ち「無時間」。
そのとき、あなたの前に立つ者は誰でしょうか？
かつては、敵だったかもしれません。
あなたに悲しみを与えた人だったかもしれません。

あなたに痛みを与えた人だったかもしれません。

あなたを怒らせた人だったかもしれません。

あなたが憎んだ人だったかもしれません。

しかし今や、それらの感情を生んだ「あなた」自身も既に去り、それ故そこにたたずむあなた方は最早、敵でも味方でもありません。

あたかも…枯山水の石庭に点在する岩の如くただその世界その場に「在る」という、当たり前の事態。

そう、これこそが「当たり前」なことなのです。

何故それがわからなかったのだろうか。

そして、それをわからなくさせているものとは、いったい何だったのだろうか。それを突き止めることができたなら、そうです、その原因となっていたものを滅すればよい。得る必要はない。何故なら、どんなに天地ひっくり返っても我々は初めから「今」にいるのですから。過去に戻ることも未来に行くこともできないのですから。

足りないのではない、余分だったのです。

どのような激しい攻撃技も、その威力を私達に発生させるはるか前。どのような苦しい病でも、その苦しみを私達に与えるはるか前。

そのとき、即ち「今」に凛として在る私達にとって、それがどうして攻撃たり得ましょう。病たり得ましょう。

空想ではありません。私達が「実世界」だと思っているものこそが、空想なのです。

少なくとも、今の私には、そう思えるのです。

仲間達と共に、隠遁者様らお二人の神父が顕された技を再現している間（それはほんの一〜二分ほどでしたが）、木蓮祭のことを思っていた間でさえ、何故か今語らせて頂いた気持ち（というより気配）を、ずっと感じていたような気がします。思い出している自分の一歩前を行くものの気配…それは、決して怖れを感じさせるものではなかった。

そうだ、確かに、そうでした。

感情や思考、それら全てを滅し去った後に唯一「魂」と共に残り得るもの、それを「愛」ともし呼んでよいのだとしたら…そのときこそ、私が保江邦夫先生を通じてイエスから今まさに教わりつつあるものを…

はじめて、合気ではなく「愛魂」と呼べるのかもしれない。

そして今、そう呼びたいと思う自分が、ここにいます。

第一部・第二部の後書き

そもそもこの道に入るきっかけが、あの不思議な夢だったせいもありましょう、私はかつてテレビでチラと見た…後に三原の隠遁者様と呼ばれ不思議な霊力を発揮された、エスタニスラウ神父に少なからず思慕の念を寄せていたのだと思います。

だから、「合気私考」の最終回になるであろう今回の著述はいきおい、神父で始まり神父で終わった感があります。しかし、これも必然だったと思うのです。

まだ、合気のことなど端《はな》から信用しなかった頃から、大東流の佐川幸義宗範や合気道創始者植芝盛平翁のお名前は存じておりました。そして合気なる不思議な境地の実在を知り、保江邦夫先生やそのお弟子の方々と親しく交際するうちに、私の心の中ではいつしか佐川宗範に比べて植芝翁はかなり色あせた存在になっていたのは事実です。

しかし、合気系武術には外様である空手修行者の自分であったとはいえ、それはとんでもない誤解だったことに気づきます。それは芦屋の喫茶店でお会いした、あの植芝翁に会い技をかけられた経験を持つ女性から語られたお話によって明らかとなります。彼女の語る技を可能にする方法はただ一つ、合気を悟る他はないとわかるからです。

ところで、晩年の植芝翁が「合気とは、愛気である」とことある毎に語っておられたことは、つとに有名です。私は、これは晩年に翁が甚大なる影響を受けたといわれている大本教という宗教の影響であって、多分に精神論を語るようになった翁には最早武道性はない、と見ていたのです。しかし…

キリスト者であるエスタニスラウ神父の業《わざ》を考えるとき、これはひょっとして「愛」という（ある意味全く武道には縁遠い）概念が本当に武道の極意に関与し得るのではないか、と真剣に考え始めました。そして神父の直系である保江先生の冠光寺眞法を修行するからには、いつかは神父が昔やってのけられた業を再現しなければならないと強く思い始めます。

その背景には、ある日保江先生が「高弟達を連れてスペインのモンセラートを訪れ、隠遁者様の墓前にて奉納演武を行いたい」と仰ったことがあります。ですから、神父がモンセラートにて陸軍レンジャー部隊を相手にお見せになった業こそ、その奉納演武に最も相応しいと思い始めたのでした。しかし、その業再現の努力をするためには…越えなければならない大きな課題が二つ、私には存在しました。

先ず一つ目の課題こそが「愛」でした。

いくら保江先生が力説され、また私の夢にイエスが出てきたことからエスタニスラウ神父に思慕の念を持ったとはいえ、厳しい勝負の世界である武道界に長年席を置く自分にとって、精神論ならともかく実際の武道の攻防において「愛」などとふやけた概念を挟み込むには、強い抵抗と違和感があったのです。

しかし、それは実際に「極意は愛である」と主張した植芝翁が見まごうことなき合気の技を使ったとの証言を得ることで、私の心の中でパラダイム・シフトが起こりました。それは同時に植芝翁もやはり合気の達人であったことを私に確信させたのでした。更に言えば、第一部で描いた一連の物語も、振り返ってみればこれをテーマにしているといえないこともありません。徐々に、武道の技の攻防における「愛」がどういうものであるかがわかってき始めたのでした。

次の課題とは、その技を共に研鑽する仲間とその環境でした。しかし、これも第一部に描いたように、ちゃんと与えられてしまいました。まことに不思議という他ありません。しかも、正真正銘ガチンコの攻防における合気の可能性は、同じフルコンの道を進まれる畑村さんとの稽古において実現を見ます。この人の気づきと稽古なしには、とても神父の業は再現できなかったことと思われます。

昨年末の年内最後の岡山稽古のとき、彼から渡された名刺を見て私は驚きました。何故ならその名刺の裏には、かつて私が習い修めた治療術の肩書きも印刷されていたからで、尋ねてみると…畑村さんは数年前に最愛の奥様を癌で亡くされたとのこと。

武道ばかりを追い求める自分を好きにさせてくれた妻…その妻を何とか救おうと、治療術を学んだのだそうです。それ故、修行によって得ることのできた全ての業、全ての技を、今は亡き妻に捧げたいとのことでした。

そうだったのか……。

畑村さんは否定派の急先鋒だった私と違い「どこかに必ず実在するはずだ！　武の極意・合気が！」と思い続けてきたといいます。そして保江先生の技を受けたとき「やっと見つけた！」と感動されたとか。同じフルコンの道をきたとはいえ、これもまた不思議なご縁というべきか。

まことにもって、予定調和のなすことは周到にしてスキなし。ただし、その予定調和の示す天啓を悟る鋭い洞察力は絶対に必要ではありますが…さもなければ、どんな出来事も単なる偶然と日常に流して過去に埋没させてしまうからです。

さて、これにて課題をクリアできた私がするべきことはただ一つ、それに向けた稽古のみ！

そして仲間達とまがりなりにもその目標を達成したとき、私の拙い「私考」は、その役目を終えるのかもしれない。

何故なら……冠光寺眞法を修行する者達の魂が、今や叫んでいるのですから…「愛魂」を！

そうです、合気を愛気に、そして愛魂に！

決して宗教的精神論的な意味合いではなく、紛れもなく武と医の術理として「愛」を技術化（技化）すること！

これこそが、これからの我々門下生一人ひとりの使命なのです！

エスタニスラウ神父　付記

一九一五年九月十二日、スペインの、とある町で生まれる。生来病弱であり、足に障害を持つ。

四歳のとき、聖母マリアが現れ、足の障害を癒される。このとき、御自身でモンセラートの修道院に入ることを決意する。

十二歳のとき、大病を患ったが、イエス・キリストが現れて癒される。このときイエスから「人々の救いのために生きよ」とのお言葉を頂く。

十八歳のとき、再びイエス・キリストの顕現を得、「神を愛していない人の代わりに愛の生贄になってほしい」とのお言葉を頂く。その後モンセラート修道院における瞑想、山中での荒行など厳しい修行に勤しみ、修練長や院長をも勤めた後、モンセラート山中にて隠遁修行生活に入る。

その霊的な才能に、隠遁後も多くの訪問者を得る中、五十九歳の頃イエス・キリストから更に「日本へ行け」とのお言葉を得、途中インドに立ち寄った後、日本の長崎へ。最初、上五島の貧しい漁村にて数人のシスター達と隠遁生活を始めるも歓迎されず、広島県三原市に移動して、羽倉の山奥の古い農家の納屋を借り受け、隠遁修行を始める。ほどなくして五島の癌患者を島民の依頼により修行場での神への祈りのみにより癒す。

やがて「三原の隠遁者様」と呼ばれ、多くの人々から崇敬の念を集める中、自らの病を悟りスペインに帰国、モンセラート修道院に戻る。そして…

二〇〇三年三月二十九日、修道院にて帰天。

上五島のエスタニスラウ神父隠遁庵跡

追　記

私は保江邦夫先生の『唯心論武道の誕生』巻末付録として世に出した処女作「合気私考」の中で「私にとってはこのキリストの仲介には大きな意味がありますが、しかしここではそれについてはあえて多くを述べません」と書きました。しかし、上記致しましたエスタニスラウ神父の御経歴を、神父と保江先生との邂逅、先生と私との邂逅、そして神父と私との（テレビを通しての）出会いを考えるとき、とても偶然とは思えないものがあり、この場を借りて少しだけ述べようと思います。

もし保江先生が佐川幸義宗範の直弟子でなければ、神父とお会いされても冠光寺眞法合気（愛魂）には決して結びつかなかったでしょう。私にしても、長年武術を必死にやってきた自分にまさかイエス・キリストが夢に出てきて「合気を教えてあげよう」などと言われるとは、それこそ夢にも思わなかった出来事でした。

宗教者などではあり得ない科学者である保江先生と、同じく宗教者などではあり得ない武術家である自分とが、こともあろうにイエス・キリストの仲介で会ってしまい積年の疑問だった合気の存在を知り、更にその昔、私が自暴自棄になっていた頃に神父の荒行なさるお姿を見ていたなどと（いったい、あの昼間の名もない番組の中でさえチラとしか映らなかった神父のお姿を見られた方は、この日本中で何人おられるのだろうか）…

どう考えても、できすぎです！　こんなことは、あり得ない！　あり得ないことなのです。

そして気がついてみると、多くの優れた仲間達を与えられ、「合気私考」を書き進める自分がいたのです。

まことに、不思議な出来事でした。

実際にはお会いしたことのない故・エスタニスラウ神父に対する感謝の気持ちで一杯です。いつの日にか…モンセラートを訪れたい。そして神父の墓前にて直接その気持ちをお伝えしたいと、心静かに思っています。

第三部　坪井将誉伝

震災から四年が経とうとする神戸は、しかしまだ街のそこここにその深い爪跡を残していた。繁華街の三宮を東に向かい、神戸一の目抜通りを越えて暫く行くと、辺りは一気に独特の場末感に被われる。

かつて世界中の人達から「スラムの聖人」と謳われ、生活共同組合生みの親である賀川豊彦が住んだ場所も、ここからそう遠くない。

震災は多くの尊い人命を奪ったが、命を失わないまでも、精神的に追い詰められた人々は少なくなかった。怪我には無力の活法も、鬱などの精神的疾患にはその効力を発揮し、そのため神戸のこの辺りにも治療によく出向くようになっていた。

ＪＲと阪急が平行して線路を走らせているこの辺りは、それ故にその高架下に小さな飲食店が点在していた。その中に名もない小さな中華料理屋がある。カウンター席だけで八人も座れば満杯になる、それは狭い店だった。上の線路を列車が通過すれば、轟音と共に店も振動する。だから古いテレビが一台置いてはあったが、列車通過の度に音声は中断した。

その店に、ここに仕事にくるといつしか寄るようになった。遅くなったときなどに、焼き飯をアテにビールを飲むのだ。やがて店をやっている兄ちゃんとも気心が知れてくる。我が町には適当な店がない。そこでどうしても神戸で途中下車して飲むようになったこと、するとそこで自然に仕事が増えてきたこと、その仕事とは活法を使っての治療であること…それらのことを、世間話として静かに語りながらひとときをすごすには、そこはまことに適した店だったのである。

あるとき、夜遅くにその店を訪れると、私より一回りは若いであろう、私より小柄な男が客として座っていた。私に背を向ける形で座り、熱心にスポーツ新聞を読むその男の背中の（着ているトレーナー越しに感じられる）筋肉の気配と、漂ってくる汗の匂いに、私は妙に懐かしさを覚えた。

「ことによると、お仲間か…」

そう微かに思いながら自分はその男から少し距離を置き、端の席に座った。そしてビールを注文した。

やがて、店の兄ちゃんが私に声をかける。

「あ、炭粉先生、こいつね、坪井将誉《まさたか》いうてプロボクサーですねん」

そしてスポーツ新聞を読むその男の方を向いて「ほらツボちゃん、前に言うてたフルコンやったはる活法の先生や」と水を向ける。

男は新聞をカウンターに置き、こちらに振り向きつつ立ち上がり、ボクサー独特のくぐもった声で、こう言った。


「坪井です」


こちらも立ち上がり「炭粉です」と挨拶。

これが、プロボクサー坪井将誉との初めての出会いだった。その先、長い付き合いとなる彼との……。

その後、別に連絡を取り合い店で会うなどということはなかった。お互いに格闘技を生きる仲なれば、仕事の空き時間を見つけては稽古しかない毎日であることはわかりすぎるほどにわかっていたからだ。特に、向こうはプロである。試合に向けた調整もあるだろう。しかしそれでも、一カ月に一度ほどは店で一緒になった。

やがて親しくなり格闘技の話になるにつけ、我々二人はいわば格闘家の宿命ともいえる方向に進んでゆくのである。それは…

「どっちが強いか？」

お笑いになるなかれ、異種の格闘技を行う者が会えば（いや同種であっても）、所詮話はそのように進むしかない。このとき、ヘラヘラ笑いながら「まあまあ、それはそれとして…」などとお茶を濁すくらいなら、こちらはフルコンなんか端《はな》からやってなどいないし、向こうもそうであろう。実際に技を相手に叩き込み、また叩き込まれ、肉体が変形してしまうことを厭うよりも、その果てにあるはずの名誉をこそ探し求めてここまできたのだ、お互い。だから戦い合い白黒をつけるということは、笑い事どころか我々にとっては最重要項目だといってよかった。

どちらが言い出すわけでもなく（いや実際は店の兄ちゃんが面白がって言い出したのだが…そういうことにしておこうか坪井君）ある場所を借りて対決の運びとなった。

竹馬の拳友との再会ドツキ合いから、すでに二年が経過していたこの頃、私にとってもカンが戻り最もガンガン殴り合ってもいた時期である。

「相手として不足なし。久々に本気になれる」

フッフッと沸き上がる闘志と喜びのうちに、勝負に向けなお一層の稽古に入ってゆく。

さて、対決の日取りも決まり後一ヵ月ほどに迫った頃、件の中華屋で仕事帰りにビールを飲んで一休みしていると、今ジムの練習が終わったと言ってボクサー坪井が入ってきた。その際少し照れながらビデオテープと新聞の切り抜きを渡してくれた。切り抜きの方を見ると、神戸新聞が彼の特集をしているものであり、それによると彼はもうかなりのベテランで、誰よりも長く熱心な練習量を誇るとある。ビデオを早く見たかったので食事もそこそこに帰宅して再生して驚いた！

何とそれは久米宏氏がキャスターをしていたテレビ朝日系人気番組「ニュース・ステーション」の録画だったからだ。その番組の中で神戸の震災に関する特集をしていた時期があったが、その録画はそのシリーズの中で街の復興と神戸のプロボクサーの新人戦とを絡めた特集「復興へのゴングを鳴らせ2」であった。そのタイトルを見た瞬間に思い出した。

「これは確か見た！　涙ながらにＴＫＯで敗退した若いボクサーをドキュメントしたものだったはず…」

はたして、そのとおりだった。

「そうか、このボクサーが坪井だったのか！」

独特のファイトスタイル。相手に打たせるだけ打たせる。それが「危険」と判断しタオルを投げ入れた会長に「全然効いてなかった！」と泣きながら主張するボクサー坪井。だとしたら、この異様な打たれ強さはいったい何だ?!

これは…マズイ相手を選んだかもしれない。プロのパンチをあれほど受けて立っていられるからには、修行年数は長いもののあくまでアマチュアの自分の突きなど、簡単に凌いでしまうに違いない。しかも…今度の対決にはレフェリーもいなければ、タオルを投げるセコンドもいないのだ…。これはこちらもよほどフンドシを締めてかからねば、と改めて気合いを入れ直す。

そして、対決の日はきた。

ここで問題となるのはルールだった。なにせボクシングと空手では、それが丸っきり違う。何も殺し合いをするわけではないのだから、さあルールをどうするか…。で、年が上だということでまず私から提案した。それは変形空手ルールとでもいえるもので、内容はこうだ。上段（つまり顔面）へのパンチは禁止。その代わり上段への蹴りも禁止。無論金的への攻撃は全面禁止。後、投げ技を認めず。

つまり、手足での中段下段の攻防にて勝負を決するというわけだ。

これはボクシング側にとってはいちじるしく不利である。何故なら顔面へのパンチ攻撃を封じられれば蹴りのないボクシングはボディへのパンチだけで戦わなければならなくなり、これでKOを狙うのは相手が素人でない限り事実上不可能。よって、坪井はこの提案を呑むまい…と思っていたら「ああ、それでいいですよ」とアッサリ受けた。

「これは、よほどの自信…」

かえってこちらは警戒モード。稲妻の如く早い手技に身をさらしてきたボクサーの動体視力をもってすれば、威力はあるが不器用で遅い足技など恐れるに足らずというところか。

しかし、「その代わり、そちらもグローブをはめて下さい」とのこと。で、生まれて初めてボクシングのグローブをはめてみると…これが思いの外、重い！　素手にて叩き合う空手家にはキツい。「これでは必殺の突きは出せない」と内心思う。あまりこちらに有利とはいえないかもしれない…。

さて、お互いの思惑はどうあれ、とにかく始めよう。双方共に構え、距離をつめてゆく。こちらの左正拳中段追い突きに対してステップバックした坪井は突如踏み込んで来て左右ワンツーを中段に入れてきた。そのあまりの速さ、そして拳風に度肝を抜かれた私は「これがプロのスピードか」と驚き、すんでのところでステップバックによりかわすと同時に、苦し紛れに右アウトロー（下段廻し蹴り）を振る。と、これがよい角度で坪井の前足（左足）にヒット。

「やれやれ、これが決まってくれたからにはボクサーのフットワークは潰せたろうが…あの凄まじく速いパンチはどう防げばよいのか。空手の受けでは、とても無理だ…」

空手の突きは「テレホンパンチ」つまりこれから「打ちますよ」と言ってから打つほどに遅いと、ボクサー達が揶揄していることを私は知っていたが、まさにそのとおりだと思った。逆に、ボクサーの変幻自在のパンチに空手の技は間に合わないのだ。

と、思案していたそのとき、坪井は両腕のガードはそのままに後退して言った。

「足のダメージが大きい…動けません…」

「え？　さっきのアウトローか？」

そうですと認め、呆気なく勝負は終わった。開始後、約六秒の出来事だった。

炭粉良三、下段廻し蹴りにて坪井将誉に一本勝ち。ところが…これで納得する坪井ではない。彼はプロなのだ！

当然すぎるほど当然な言葉が、彼の口から出た。

「炭粉さん、再戦を希望します！　今度はボクシングルールでやって下さい！」

一週間の後、再試合となった。

お互いグローブをはめ、完全なボクシングルールによる戦いだ。一ラウンドは三分。これがなんと長いことか…。

完全に足を封じられた空手家は、そのテレホンパンチでひたすらに打つ。今回はもちろん顔面へのパンチありだ。だが全く当たらない。

「クソー、やることが何にもない…」

そう思った瞬間、左のコメカミにガキッ！　と衝撃がくる。

「しまった！　フックを喰らった！　しかし…全く見えなかった」

その見事さに私はトトトと後退り、ペタンと尻餅をついた。

「チッ、喰らったか。けど効いてない！　単なるスリップダウンや！」

そう言うなり私は立ち上がろうとすると…

おや？　おやおや？　何だコレは？

ちゃんと意識はあって話せるのに、下半身がまったくいうことを聞かない、つまり、動かない！

「それが足にくるいうことですわ。根性関係ないっす」

そうか、これが…よく耳にするが初めての経験だった。本当に足がピクとも動かないのだ！

「どうやら今回は俺のＫＯ勝ちっすね。一分三〇秒ですわ」

坪井が言った。

う〜ん、すごい！　こんな効き方があるのか…。

かくて、炭粉vs.坪井の結果は、一勝一敗となった。

「真の勝負つけましょか！　なんでもありのルールで！」

「いや坪井君、ここで止めておくのが花というもんだ」

「そうっすね」

ボクサー坪井はそう言って、グローブをはめたままの右手を差し出した。私も足の自由はまだ回復してはいなかったが、右手を出した。

グローブ越しの握手、それは格闘家として共に戦い、同時に自分にとってもう一人かけがえのない拳友が誕生したことを告げる、爽やかな瞬間でもあった。

その後、坪井将誉は以前と変わらず職を転々としつつもボクシングに打ち込む日々が数年間続く。プロであるからには、無論ランカーに、そしてチャンピオンに…坪井は目指す！　しかし、加齢は免れない。そんな中、我々はある日彼の試合を観戦に行く機会を得る。

場所は、神戸三宮の某会場。東京から駆けつけてくれた竹馬の拳友と我々夫婦は、ボクサー坪井の勇姿を見るべく会場に足を運ぶ。

会場は満員だった。

四回戦のグリーンボーイ達の試合とメインエベントとの間に、彼の試合が行われた。

私が送ったタオルに身を包み、リングサイドで嫁が渡した花束をむしり取るように受け取り、坪井将誉はリング中央に進む。

そして、ゴングが鳴る。


健闘むなしく敗れはしたが、絶対に後退しないそのファイトスタイルは、不変だった。


この日の坪井の戦いは、しかし私にとっては嬉しい置土産を一つ残してくれた。あれほど武道嫌い、格闘技嫌いだった嫁の考えが、ガラッと変わったのだ。彼女は初めて見るボクサーの打ち合うその姿が「美しい」と思ったという。それを聞いた私と拳友は大いに喜んだ。やがて彼女はその後柔術道場に入門し、四段にまで昇りつめることになった。更に言えば…それから数年の後、私が保江邦夫先生の技を初めて受けたときの傍観者として、その技の効果の有り得なさを武術者の観点から悟ることもできたのだといえる。

だが、この後で坪井に、悲劇が起こる。

彼の身体を心配したジムは、この試合をもってボクサー坪井将誉の引退試合にしようと考えた。

だが、彼には引退する意思はない。まだ、ランカーにも、なってはいないのだ。

だから、彼は何とかボクシングを続けようと、その道を必死に探した。

継続するということは、たとえそれが0.00001パーセントであったとしても、上に行ける可能性が依然としてある、ということだ。だが、やめてしまえば、それは0になる。だから、やめるつもりなど、全くなかった。

ある日、気分転換に彼はマンガ週刊誌を買って読もうとした。その日のうちに、同じその週刊誌を…気づかずに三冊も、買っていた。坪井は、男泣きに泣いた。パンチドランカーの症状を、それは自分で悟った瞬間だった。

初めて、彼は引退を考えた。しかしながら……むしろ、引退してからの方が人生は圧倒的に長い。いや、たとえプロといってもそのファイトマネーだけで生活していける奴など、ほんの一握りなのだ。だからこそ、ボクサーとしては長い方であった坪井将誉の現役生活は苦難に満ち、毎日を食っていくために必死に頑張ってきたのだ。

だがこれからは…最早自分を奮い立たせるモチベーションは、彼にはない。しかし生活はしてゆかなければならないのだ。

坪井は初め、就職を考えた。そして実際それに向かって動いたが、駄目だった。

安定した仕事を得ることのできる企業は、彼には遠かった。かといって、安易に入れる会社は数カ月で名前を変えたり業務内容を変えたり、潰れたりした。他の社員と意見が合わなくなり、掴み合いの喧嘩になったこともあった。

「お前、元プロボクサーやろッ！　そのお前が人殴ってもええんかッ！」

「誰も見てなかったら、ええんじゃ！」

その会社は、クビになった。

一度、夜中にベロベロに酔った坪井が訪ねてきたことがあった。

「なんでオレ何やっても上手いこといかんのですかあッ!!」

魂からの叫びだった。だが…彼と同じく決して裕福ではない俺達夫婦が何をしてやれるわけでも、なかった。

坪井よ、お前は知らない。俺達も全く食えないときがあったことを。夫婦共々本当に一日中身を粉にして働いて、睡眠時間は二時間も取れなかった。それでも、家賃を払えば金は残らなかった。

まだ一缶百円だった缶コーヒーを買おうか買うまいか三日間考えて、結局買わなかったこともある。

そんな生活が延べ三年も、続いた…。

喉まで、出かけた。が、呑み込んだ。

そんな話を今坪井にしたところでいったい、何になるというのか。


戦いなのだ、坪井将誉よ。

リングに上がらぬ戦い。

グローブをはめない戦い。

そして…ゴングは決して鳴らない、従ってそれに救われることもない戦い。

セコンドも、いない。

観客も…いや、観客は、いる！

俺達夫婦だ。

「ツボちゃんなら、きっと、大丈夫」

ふらつく足で肩を落として帰ってゆくその後ろ姿を見送りながら、嫁がそう言った。

ある日、坪井から電話が入った。「ラーメン屋をやります！　そのためにこれからその修行に入ります」と、短く伝えてきたのだ。

勤めることを断念し、自営に転じたか。だがこれはある意味もっと厳しい道。ラーメン屋など、既に世の中に掃いて捨てるほどある…。

その修行も、難航した。初めて入った店では「包丁使いが悪い」と、三日でクビになった。彼に我慢や根性がないのではない。もしそうなら、あの過酷なプロボクシングの世界に長く身を置くことなど、できようはずもない。

これは運が悪かったのだと、俺達は思った。しかしそうではなかった。そのラーメン屋は、間もなく潰れたのだ。

わずかに、光が差してきた。坪井は、ハッキリと自分が将来独立して店を持つことを宣言してなお雇い入れてくれる店を、遂に見つけた。

そのラーメン屋は阪神間ではかなり有名な店だった。そこに入れたことを先ず俺達は驚き、こう言った。

「おめでとう！　これでやっと本格的に修行ができるやないか！　今度、食いに行くわ」

だが坪井はそれを直ちに拒否した。修行中の自分の姿など、絶対に見せたくない。店を持った暁に、来てほしいと。

見事だツボちゃん！　それでこそプロ。

むろん格闘技もだが、私は常々プロとアマの最大の違いの中の一つに、これがあると思っている。つまり、アマは結果ではなくプロセスを喧伝する傾向が強い。「俺はこんな訓練をしてきた」とか「これほど努力した」とかである。だが、プロにとってそれを公表することは恥でしか、ない。結果が、全てなのだ！　彼は長らくの間、その世界の中で生きてきた。

よくわかった。

坪井将誉、暫くお別れだ。

我々は、待とう。

セコンド、リングアウト。

いや違った、我々は観客だった……

三年の月日が、流れた。

あれはゴールデンウィークも近づく四月の初旬の頃だったか。坪井から久し振りに、電話が入った。

「遂に開店の運びとなりました！　場所も決まって、後はなかなか放してくれへん今の店を辞めるだけです！」

なんと、もうそんなところまで話が進んでいるのか！　しかも、修行に入っていた店がなかなか手放さないということは、よほどの力を坪井が持っているということ！

そして、数日後に再度彼から電話が入る。

「店とも折り合いつきました！　いよいよゴールデンウィーク明けから開店です！　しかも、屋号も決まりました！　もう、この屋号つけたら千客万来間違いなし！　偉い占いの先生も太鼓判押してくれて、自分でもメチャクチャ気に入ってるんっすわー！」

少し興奮気味に語る彼に「ではその屋号とは？」と当然ながら聞いた。

「メッチャええ名前ですよ！　聞いたらビックリすると思いますわぁ！」

「だから、どんな名前？」

「『つぼ』っちゅうんですわぁぁー‼」

「………」

ある意味、驚いた。そのままやんかツボちゃん…。

ところが、まさに蓋を開けてみると…これが開店初日から大盛況！　少し時間をずらし、ＪＲ兵庫駅から線路南側の道を東に向かって約五分のところにある、その「つぼ」に向かい「ヒマにしてたらカワイソウ」などと思っていた我々夫婦は、まさに銀河系外宇宙まで弾き出されてしまう！

「これはすごい…」

必死に地球に戻り（笑）、かなり待ってカウンターに座る。早速ラーメンを頼み、食べてみた。

「旨いッ!!!」

いや、その味に驚いたというよりは、失礼ながらコイツに料理の素質がこんなにあったとは…。

「ありがとうございます！　気合いが違いますからねえ、だから旨いんッす」

「う〜ん、う〜〜〜ん!!!」

何せ次々に訪れる客達、ツボちゃん、積もる話はまた今度！　なるほど、元いた店がなかなか手放さなかったはずだ…。

しかし、開店景気はよくある話。少し間を置いて、様子を見る必要がある。

はたして、それはまさしく絵に描いたような開店景気であった。開店の後パタッと客足は途絶え、その一年は不振に終わった。

実は、彼が店を構えた場所は、その前もあるラーメン屋が営業していた場所だった。そしてそのラーメン屋は、潰れた。そして同じくその場所を借りようとする坪井に、潰れたラーメン屋の経営者は言った。


「流行らせられるものなら、流行らせてみろ！　ここは、場所が悪いのだ」


だが、ここからが坪井の真骨頂だった。カウンター越しに顔を合わせる客にとって、その一人一人にとって…ここのラーメンが一番だと思って貰えるよう、ただ、頑張った。

そして、訪れる客は徐々に、確実に、増えていく。

そうだ、我々夫婦が開店時に思わず唸った「旨い！」を叫んだ人々が、次第に他の友人知人を呼び、「つぼ」のリピーターとなってゆく。

そして、二年目から、客数がグッと伸びてくる！

この頃になると、訪れても坪井とゆっくり話すこともできなくなってきた。

我が嫁は、焼豚が嫌いで食べない。なのに、「つぼ」の焼豚だけは好んで食べる。つまり、ラーメンだけではなく唐揚げや焼豚その他にも、彼の技（本人曰く「気合い」）が光る！

一度、東京の竹馬の拳友が関西にきた際、誘ったことがある。彼も「う…、旨いッ!!!」と唸らざるを得なかった。そして店を出た後二人で店を振り返り、思わず語る。

「坪井君は、まさにチャンピオンになったんだなあ！」

「いや、全く…そのとおりだ」

今では、晩飯時ならドドッと混む「つぼ」を少し早めに訪れたため、ようやく日が落ち白暮の雰囲気漂う兵庫の町。結果的に…彼の引退試合となってしまった試合を共に見た者同士、そして何より格闘技をやる仲間同士。

我々二人の感慨は、浅からぬものがあった。

実は、店をオープンさせてまだ半年後の苦しいときに、大手ラーメンチェーン店がすぐそばにできた。坪井の周辺は囁く、「これで彼の店も潰れるだろう」と。

だが坪井にとっては、それは自分の負けじ魂を燃え上がらせる相手でしか、なかった。そして、その相手は一年後に、去った。

おめでとう、坪井将誉！　相手はもう、立ち上がらない！　文句のつけようもない、ＫＯ勝ちだ！

ＫＯタイム、三年プラス一年の…四年!!!

しかし、坪井は言う。

「自分は、ボクシングではホンマにチャンピオンを目指してました。やるからには！　けど…ラーメンを食べるのが好きだったのがきっかけで、友人の助言もあってやり始めたラーメン屋は、ラーメン界のチャンピオンになるという気持ちではなく、カウンター越しのお客さんにとって『一番』になりたいと、ただそれだけを目指して気合でやってきたんです」

更に、二年が経つ。平成二十二年三月末。

桜が咲き始めた。そして、燕が飛び交い始める。

夕方少し早めに、久し振りに「つぼ」に向かった。今ではすっかり常連もでき、夜間でさえ行列ができる店になった。

売上は、右肩上がりに、順調だ。

私が大好物の「ツボメシの塩味」（クッパを坪井が工夫したもの）を食う。「旨い！」いったいこの言葉を何回ここで叫んだろうか。

この二年は、俺の方でも実に色々あったよツボちゃん。ビックリするような、経験をした。ホンマですか炭粉さん。そらすごいですねぇ。

ちょうど本書の第一部・第二部を書き上げ、何故かこの店にきたくなった。そして、坪井将誉のことを書きたくなった。しかし、少し妙な気がした。

「なんで彼のことを書きたくなったのだろう…」

合気とは、全く関係もない坪井将誉を…何故？

自分が合気と遭遇するはるか前、格闘家として廻り合った。

お互いのプライドをかけて、ドツキ合った。

竹馬の拳友とも共通の、自分が合気以外に厳として大切にしている、この世界。

なのに……


やがてその数分後に、私はその理由を知ることになる。


「お？　ツボちゃん、営業時間延ばしたん？」

「はい、娘ももう二歳になって、目の中に入れても痛くないほどかわいいんですわぁ。そやから、嫁や娘のためにも、頑張らんと」


そうかッ、もう二年か！

彼は結婚したのだ、二年前（実は、この結婚にまつわるエピソードこそ面白いのだが…それは、か…書けんッ！）。そして娘さんが生まれて、もう二歳かあ…。

そうか！　わかった！

俺達が知り合った頃、坪井がまだ知らなかったこと。
一匹狼で必死に戦ってきた、生きてきた、坪井がまだ知らなかったこと。
しかし、彼は今、それを知っている。
そして、そのためにこそ、彼は今戦っている！

そういうことだったのかぁ……。

「え？　炭粉さん、何がわかったんすか？」
「いや、何でもない、何でもない。それよりツボちゃん」
「オスッ」
「ビールあと一本…いや二本追加！　それと、唐揚げ！」

坪井将誉伝　完

後日談

「炭粉先生、何かお忘れでは？」

私より一回りと少し、年が若いマスターが口を尖らせます。

「先生にとってホームとは、当店じゃないっすか！」

いや、確かに！

申しわけなかったマスター、「十両」や「富万」や「つぼ」やと書いといてウチを出さないなんて！ やろ？ わかったから、そう怒るなって…。

ここは神戸は三宮界隈にある焼鳥屋「くらうど」。夫婦でもないクセに共に栄光院と名のる謎のマスターとママ（笑）。やれやれ…。

ところで、この「くらうど」という屋号、実はマスターが大の『北斗の拳』のファンであり、中でも南斗五車星の一人「雲のジュウザ」が最も好きだったところから「雲」↓「くらうど」になったらしい。なるほど、この年代の男どもにあのマンガが与えた影響は少なからぬモノありか…ちなみに私はケンシロウの義兄トキが好きだったが。

立ち上げの頃から行きつけだったのですが、とまれ今では大繁盛のこの店には、最近では私ですら予約なしでは入れないことが多いのです。が…今日は強引に入ったった！

脱稿したからです。

こういうときには「くらうど」の旨い焼鳥（特に「つばさ栄光あげ」！　名古屋風手羽カラのことを、この店ではこう呼ぶのです）に焼酎！　これをしみじみと一人でやる。

酔いが回ってくるにつけ、一つ思い出しました。あれは…「神父の技ができるかも！」と勇み切った我々二人から突然合気が消えてしまい、シオシオのパー状態ッ、焦りの極地になってしまった！で、本編でも語りましたごとき紆余曲折の末に、ようやくそれを戻し得てお互いガチンコスパーリングにてそれを確認したとき、畑村さんが叫んだコトバ（笑）。いえ、そりゃ笑いますとも、何故ならそれは二十年ほど昔、何かのアルコールドリンクのテレビＣＭのコピーだったものですから。

しかし考えてみるとそれって、今回の自分の著書の最後を飾るにはまことに相応しいコトバかも！

というコトで、宵の頃もとっくにすぎた「くらうど」から焼酎の勢い使って拝借御免ッ、

「愛だろ、愛！」

平成二十二年三月某日　炭粉良三　記す

これまでの我が全ての文章に対する後書きとして

まさか…こんな出来事が、最後に用意されていようとは！

今から語ることはまさしく、冠光寺眞法愛魂を修行する上で決して忘れてはならない、重要なことを明確に指し示ております。それ故、できるだけ正確に事実をそのまま書くことに致します。

平成二十二年四月八日、木曜日。この日の午前十時頃、私は用事があり母のいる実家を訪れました。そのとき、母からとんでもない話を聞かされます。母の妹（つまり私の叔母）の一人が昨夜から行方不明となり、ほんの三時間ほど前に発見、保護されたというのです。

この叔母は、アルツハイマーを患っています。だから一歩間違えれば大変なことになっていただろう…「とにかく発見されてよかった」とだけ言って、往診に出かけました。母は取りあえず妹を見舞いに行くとのこと。手首を骨折していたらしいからです。徘徊の途中で転んだのでしょう、おそらく。

さてその日は先ず、ある老人ホームの中でもうすぐ九十九歳になるお婆さんを診に行かなければなりませんでした。本来は昨日だったのですが、事情で一日延びたのです。その老人ホームに向かう途中で、山形さんという男性の元患者様に偶然バッタリ出会います。私より一回り以上歳上のこの方は、二日前にわざわざ私の仕事場を訪れて下さり、スーザン・ボイルというスコットランドの歌手のＣＤを届けて下さっていました。そのＣＤはまだ私のリュックの中に入れっぱなしだったので、ふと予感めいたモノが脳裏をかすめましたが、その場は月並みな御挨拶にてお別れしました。

その後そのホームをかわ切りに次々往診を済ませ、第三部「坪井将誉伝」推敲のために兵庫のラーメン屋「つぼ」を訪れ坪井君と打ち合わせの後、夜八時に再び実家に戻り母の知人関係の方を診ました。これでその日の仕事は全て終了です。

久し振りに母の作ってくれた晩御飯を食べながら、見舞いに行って様子はどうだったか尋ねました。そして、そのとき母から受けた衝撃の報告は、私をしてまたしても…思いもよらぬ合気の深い世界へと誘《いざな》ったのです。

この叔父叔母夫婦はまだ私が幼い頃から、実に私を可愛がってくれました。ある事情があり、叔母は叔父を伴い自分の実家に遊びに帰ることもできなかったのですが、その分我が父母が彼らの世話をしてあげていたのでした。叔父は恩義に厚い人であり、叔母も優しい人でした。特に叔母は大勢いる自分の姉妹の中で、長女である我が母を最も慕っておりました。

娘二人を設けた彼らは長らくの間、川西の山奥にある寺の境内近くに建てた家に暮らしておりました。叔父がその寺の次男坊だったからです。自然豊かで、秋にもなれば秋桜《コスモス》が咲き乱れる、それは素晴らしい所でした。

ところが…数年前に事情で彼らはその家を出、宝塚のマンションに引っ越すのです。加齢も手伝ってか、やがて叔母はアルツハイマーを患うようになりました。その叔母を必死に看護する叔父。しかし大変な苦労が、彼にのしかかります。そして…七日水曜日の夜、些細なことが元で言い争いになり、叔母は家を飛び出してしまう。このとき、十二時をすぎていたといいます。

お断りしておきたいのですが、断じて叔父を責めることはできません！　一度でもアルツハイマーの人を介護したことのある方なら、おわかりになると思います。いくら待っても叔母が帰ってこないと知ったときの叔父の気持ちは、想像しただけで、この炭粉の心臓を引き千切りそうです。

ここで、実に不思議なことが起こるのです。

何も事情を知らなかった母は、水曜の夜いつもと同じように眠りに就きました。すると…夜中の三時頃、急に心臓が苦しくなり目が覚めます。それはよほど救急車を呼ぼうかと思ったほどだったといいます。しかし、ずっと我慢していると、徐々に苦痛は和らいできました。ホッとしていると、明けて木曜日の早朝に妹の娘（母の姪、私の従姉妹）から電話が入り、妹の行方不明をこのとき初めて知ったのでした。母にとってもまことに長く感じられたであろう数時間後、無事保護された連絡を彼女は受けます。聞けば、宝塚のマンションからかつて住んでいた川西の山奥に向かい、夜どおし歩いていたとのこと。その際どこかで転んだか、手首を骨折したと。

そして見舞いに行った母の顔を見るなり、母の妹はこう言ったのです、

「お姉ちゃん、夜の間ずっと私と一緒に歩いてくれたねえ」

以上の如き報告を母から受けた私は、慄然とします。

「こ…これは明らかに…合気だ！　合気現象が、母と叔母の間に起きたのだ！」

叔母はアルツハイマーゆえに、脳の機能は夥しく低下している。即ち、合気を起こし得る状態！

一方、母は眠っていたがゆえに夢想の状態！

叔母の魂が…愛を求めて、叫んだのだ！　最愛の姉に向かって、叫んだのだ！　暗い山中をただ一人歩きながら…。

合気を修めた名人達は皆、長寿です。しかし、これを長時間かけたままでいると、心臓をやられるのです！　私も一度これで救急車に乗ったことがあります。使い方を誤ると、危ない！　それが、合気なのです（その理由をお知りになりたい方は、保江先生の『合気開眼』で先生が隠遁者様に心の在処を尋ねられるところをお読み下さい）。夢想となっていた母と合気することで…叔母の魂は空間という嘘を越えて母と共に在り、母は長時間に渡る合気状態で心臓を……。

二人共、危なかった…！

二人共、ようこそ、ようこそ、無事だった!!

食事も終わり、話を聞き終わって暫し感慨に耽った後で、私は…ふと思い出しました。そう、リュックの中に入れっぱなしにしていた、ＣＤのことを。

「そうや、このあいだ言ってたスーザン・ボイルの『翼をください』、聴いてみる？」

母はそれを聴いて、感極まった様子でした。そして、こう語った。

「自分の身体の中にあった悪いモノがサラサラになって…皮膚から出ていく！　この曲の持つ素晴らしい力のおかげで！」

そして、その曲の力が本当に、治療師である私の見ている前で、悲しみと疲労に満ちた年老いた母を…癒してゆく！

癒してゆく！

これが…音楽の持つ「力」なのか。これほど、すごいものだったのか。

今回も、救われた。目には決して見えない、存在に！

我が拙い著書を今まで読んで下さった方々へ。共に冠光寺眞法を修行される仲間達へ。炭粉良三は、感謝と共に…これまで綴ってきた全物語を、前著でも申し上げた次の言葉で締め括ります。

動き方に、それを求めてはならない。

目に見えるものに、惑わされてはならない。
合気は万人の傍らに、ひっそりとあります。
そして、その真の意味を悟ったときこそ、それは「眞法」即ち「愛魂」となるのです！

ありがとうございました。

平成二十二年四月九日　炭粉良三　記す

なお、本作品には「Desperado(Eagles)」、「Wings to Fly　翼をください（山上路夫作詞・村井邦彦作曲・カノン英詞）」の歌詞の一部および「心のいほり内観瞑想センター（藤原直達神父）」のホームページを参考にさせて頂いた部分があります。

著者：炭粉　良三（すみこ　りょうぞう）

1956年兵庫県生まれ。

長く空手の稽古にいそしみ、柔術や活法も習い修める。

2008年3月保江邦夫教授と邂逅、合気の技を目の当たりにし、同年7月その実戦性を知る。同時に合気に治療原理を発見。爾来、冠光寺流活法の完成に向け研究工夫の日々を送っている。

＊＊＊＊＊バウンダリー叢書＊＊＊＊＊
合気真伝――フォースを追い求めた空手家のその後――
2010年 7月15日　第1刷発行

発行所：㈱海鳴社　http://www.kaimeisha.com/
〒101-0065 東京都千代田区西神田２－４－６
Tel : 03-3262-1967　Fax : 03-3234-3643
E メール : kaimei@d8.dion.ne.jp
振替口座 : 00190-3-31709

発行人：辻　信行
組　版：海鳴社
印刷・製本：モリモト印刷

出版社コード：1097

ISBN 978-4-87525-272-6　落丁・乱丁本はお買い上げの書店でお取替えください